Riccardo Nesti

KUNSTSTÄDTE

FLORENZ

Geschichte Kunst Folklore

W0376088

ATS Italia Editrice

Piazzale Michelangelo

Längst der Hügel im Süden von Florenz windelt sich zwischen Zypressen und zauberhaften Ausblicken eine Allee empor, die in den grandiosen Piazzale Michelangelo ausmündet. Von dieser im vergangenen Jahrhundert von dem Architekten Poggi kreierten "Terrasse" aus genießt man einen herrlichen Ausblick über das ganze Tal, in dem Florenz liegt. Von dieser breiten Allee gehen viele enge stille Gassen aus, die quer durch Olivenhaine in die Stadt führen, wie zum Beispiel die malerische Via S. Leonardo von der aus man zur die Belvedere Festung, Werk des Bernardo Buontalenti aus dem 16. Jahrhundert, gelangt.

Geschichtliches

Die Geschichte der Stadt Florenz beginnt mit dem Jahr 59 v.Chr., als sie unter Kaiser Augustus von den Römern gegründet wurde. Die Struktur jenes ersten Siedlungskerns war diejenige eines römischen Truppenlagers: ein Viereck mit einer Seitenlänge von ungefähr fünfhundert Metern, das von zwei Straßen durchzogen wurde, die der heutigen Via Roma - Via Calimala in nordsüdlicher und der Via Speziali - Via Strozzi in ostwestlicher Richtung entsprachen; Piazza Repubblica war in ungefähr das Zentrum von damals. Der Name Florenz rührt von dem lateinischen "Florentia" her, wie seine Gründer es nannten, glückbringendes Symbol vielleicht für die ersten Ansiedler in der überaus ertragreichen und blühenden Ebene? Über die Beziehungen der Römer, denen Florenz seine Gründung verdankt, zu den bereits seit dem 9. Jahrhundert v. Chr. im Norden der Halbinsel ansässigen Etruskern, von denen der Name Etruria stammt, das dann im Lateinischen zu Tuscia und später zum heutigen Toskana wurde, ist nichts bekannt. Florenz erlebt in den ersten Jahrhunderten seiner Geschichte die ganze mit der Ausbreitung des Christentums, einer neuen Religion und Kultur also, verbundene Problematik. In der zweiten Hälfte des dritten Jahrhunderts wird der hl. Johann Baptist anstelle des heidnischen Gottes Mars zum Patron der Stadt erwählt. Ebenfalls während der zweiten Hälfte dieses Jahrhunderts stirbt in Florenz dessen erster und einziger Märtyrer des Christentums: der hl. Miniatus. Im Jahr 393 weiht der hl. Ambrosius, Bischof von Mailand, die erste christliche Kirche, St. Lorenz (San Lorenzo).

Es ist die Zeit der fortschreitenden Auflösung des römischen Reiches im Westen bis zu seinem endgültigen Niedergang unter dem Druck der einfallenden Barbaren im Jahr 476. Die damals von den Barbaren anstelle der ehemaligen Provinzen des Reiches gegründeten neuen Regierungssitze sind als Grundlage der heutigen europäischen Nationen anzusehen. Italien ist Eroberungsland und in Florenz folgen auf die Byzantiner (6. Jahrh.) die Langobarden (7.-8. Jahrh.) und am Ende die Franken (9. Jahrh.). In dieser äußerst schwierigen Zeit des Kampfes ums Überleben war für Kunst und Kultur keinerlei Raum; lediglich die Ordensgemeinschaften verblieben als Hüter des geistigen Erbes, insbesondere der griechischen und römischen Kultur. Die Wiedervereinigung des von Karl dem Großen gegründeten Neuen Reiches brachte einen Aufschwung des kulturellen und künstlerischen Lebens der Stadt mit sich. In diesen Zeitraum fällt die Errichtung der Kirche zu den Heiligen Aposteln durch Karl den Großen, die dann im 9. Jahrhundert umgebaut wurde. Mit dem Tod Karls des Großen und dem

S. Marco - Museum — Anonym 15.Jhrt — Martyrium von Savonarola — Ausschnitt

Ansicht der Kathedrale S.Maria del Fiore und des Palazzo Vecchio

darauffolgenden Ende des Karolinger Reiches entsteht das Lehenswesen: Aufteilung des Territoriums in Provinzen (Lehen), welche der Verwaltung eines Feudalherrn unterstanden. Die Einheit des Reiches wurde im Jahr 962 wiederhergestellt, als Otto I. von Sachsen das germanische und das italische Reich zum Heiligen Römischen Reich vereinte. Eine Zeit schärfster Kontraste zwischen der Päpstlichen und der Kaiserherrschaft nimmt ihren Anfang und gipfelt in der Exkommunizieren von Heinrich IV. durch Papst Gregor VII. (1077). Auch in Florenz bewirkt dies eine Aufspaltung in gegensätzliche Parteien, eine Auflösung des städtischen Zusammenhalts in Lager, in denen die jeweiligen Angriffsmaßnahmen geplant werden. Das typischste Gebäude jener Epoche ist der Turm von Florenz, der anfänglich zur Verteidigung und erst später als Wohngebäude diente. Die Stadt ist von Mauern umschlossen, innerhalb derer die Häuser in dem Gewirr der schmalen Gassen eng aneinandergedrängt stehen.

Zu Ende des 12. Jahrhunderts entsteht eine neue Form sozialer und politischer Struktur: die Gemeinde. Bezeichnend dafür sind unter anderem die demokratische Beteiligung an der Verwaltung des Gemeinbesitzes und die hervorragende Rolle der Handels- und Handwerkstätigkeiten im wirtschaftlichen Leben der Stadt. Es entstehen Körperschaften der Künste und der Zünfte als spontaner Ausdruck von Zusammenschuß im Interesse einer gemeinsamen Sache. Durch den Anschluß angrenzender ländlicher Bevölkerungsschichten an die Stadt erweitert sich diese in demographischer Hinsicht beträchtlich.

In jener Zeit wird die Bevölkerung der Stadt auf ungefähr 100.000 Einwohner geschätzt; allein in der Weberzunft, der wichtigsten, sind über 30.000 Personen beschäftigt. In der ersten Hälfte des 13.Jahrhunderts reicht die Stadt bis zum anderen Ufer des Arno-Flusses; es werden zahlreiche Brücken gebaut und der Umfang der Stadtmauern erweitert.

In diesen Zeitraum der Ausweitung von Handel und Wirtschaft fällt die Schaffung einer bis auf unserer Tage die Wirtschaft bestimmende Einrichtung: der Bank. Die Prägung des ersten Goldguldens, einer der wertvollsten Münzen jener Zeit, geht auf das Jahr 1252 zurück. Jene Jahre wirtschaftlichen Reichtums waren jedoch von fortwährenden Bruderkriegen gezeichnet, im Verlauf derer die papstfreundlichen Scharen (Welfen) immer wieder mit den Kaisertreuen (Staufern) zusammenstießen.

Erst im Jahre 1289 erkämpfte sich die Florentiner Republik durch den endgültigen Sieg der Welfen eine krisenfeste politische Stabilität, die für Kunst und Kultur äußerst fruchtbringend war. Von 1295 bis 1298 erfolgte durch Arnolfo di Cambio die Grundsteinlegung der wichtigsten Florentiner Baudenkmäler: der Kirche zum Hl. Kreuz (Santa Croce), zur Hl. Maria del Fiore (Santa Maria del Fiore), Palazzo della Signoria, die zusammen mit den bereits einige Jahre vorher errichteten (dem "Bargello", der Kirche Santa Maria Novella), noch heute beispielgebend für die damalige Architektur sind. Florenz ist unbestrittener Mittelpunkt des damaligen kulturellen Lebens, das in den Werken von Boccaccio, Petrarca und vor allem Dante seinen höchsten Ausdruck findet. Durch die Verbreitung ihrer Schriften in Italien, welche in Florentiner Mundart

anstatt des bisher in offiziellen Schriftstücken und literarischen Werken üblichen Lateins abgefaßt waren, wurde erstere im ganzen Staatsgebiet bekannt. So wird mit gutem Recht Dante als Vater der italienischen Sprache bezeichnet.
Im Zuge der bereits geschilderten wirtschaftlichen Ausweitung der Stadt konzentrierten sich Reichtum und Macht auf einige wenige Familien, wodurch eine neue Art von Oligarchie entstand. Unter diesen Familien kam vor allem derjenigen der Medici große Bedeutung zu, mit deren Schicksal die Geschichte von Florenz in den folgenden Jahrhunderten engsten verknüpft war. Die Medici übernahmen in der ersten Hälfte des 15. Jahrhunderts unter Cosimo dem Älteren (Cosimo il Vecchio) die wirtschaftliche und politische Kontrolle der Stadt. Durch Handels- und vor allem Finanzgeschäft mit ganz Europa schuf Cosimo äußert stabile Grundlagen; auch die künstlerische und die kulturelle Entwicklung, die er mit großer Sensibilität und Einfühlungsvermögen auf jede nur erdenliche Art und Weise unterstützte, verdankt Cosimo sehr viel. Auf sein Betreiben hin konnte das Konzil von 1439 in Florenz abgehalten werden. Dieses Konzil - das letzte, das Ost- und Westkirche vereint sah - bot Anlaß für ein Aufeinandertreffen verschiedener Kulturen, vor allem aber für die Wiederentdeckung der Kulturgüter der klassischen Antike.
Die hervorstechenden Merkmale des klassischen Zeitalters kommen in den Werken der berühmtesten Künstler jener Zeit zum Ausdruck, von Masaccio bis Donatello, von Beato Angelico bis zu Filippo Lippi. In diese Epoche fällt die Entstehung des David in Bronze von Donatello, die Domkuppel von Brunelleschi, die Fresken von Beato Angelico im Kloster San Marco.
Auf Cosimo folgt dessen Erstgeborener Piero, diesem Lorenzo, der "il Magnifico" (der prächtige) genannt wird, was wegen seiner außergewöhnlichen Eigenschaften durchaus angebracht erscheint: scharfsinniger und schlauer Politiker, genialer und glühender Literat, versammelte er die größten Genies seiner Zeit um Sich. Am Hofe Lorenzos lebten Literaten und Philosophen wie Agnolo Poliziano und Pico della Mirandola, sowie Künstler wie Botticelli und Michelangelo. Dieser Zeitraum ist einer der glücklichsten im Verlauf der Geschichte von Florenz. Eine Zeit, in der die von der Vergänglichkeit des Lebens inspirierte Melancholie ein fast hektisches Streben nach unmittelbarem und daher leichter zu verwirklichendem Genuß auslöst. Lorenzo stirbt im Jahr 1492. Auf ihn folgt sein ältester Sohn Piero. Die zwei Jahre später erfolgte Invasion durch Karl VIII., König von Frankreich, und die Proklamierung von Florenz zu einer neuen Republik zwingen die Familie Medici zur Flucht ins Exil.
Dies sind die Jahre eines Savonarola, des Dominikaner-Predigers, der Korruption und Lasterleben anprangert und die Florentiner zur Rückkehr zu den moralischen Werten von ehedem anmahnt. Der Familie Medici entstammen zwei der ersten Päpste dieser Epoche: Leo X., Sohn des Lorenzo il Magnifico, sowie Klemens VII., Soh, des Giuliano, eines Bruders von Lorenzo, der 1478 während der Verschwörung der Pazzi den Tod fand.
Klemens VII. ist das Zustandekommen des Bündnisses mit Karl V., Kaiser von Spanien, zuzuschreiben, eines

1

Bündnisses, das nach wechselvollen Begebenheiten zur endgültigen Rückkehr der Medici nach Florenz führte; man schreibt das Jahr 1530, als die Belagerung durch die Truppen Karls V. siegreich abgeschlossen wurde und die Republik fiel.
Unter denjenigen, die sich gegen die kaiserlichen Truppen in Verteidigung der Florentiner Republik stellten, befand sich Michelangelo, der der Republik in der Eigenschaft eines Ingenieurs diente. Trotzdem aber durfte Michelangelo auf ausdrücklichen Wunsch von Papst Klemens VII. in Florenz bleiben, um die Medici-Kappellen fertigzustellen, an denen er gerade arbeitete. Als im Jahre 1534 dann Klemens VII. starb, floh Michelangelo von Florenz nach Rom, wo er bis zu seinem Tod (1564) lebte. Im Jahre 1530 wurde Alexander, die Regentschaft von Florenz übertragen, der sich mit einer Tochter Karls V. von Spanien, Margeret, verehelichte. Das feine Ränkespiel von Klemens VII., der der neuen Dynastie der Medici durch ein System von Verbindungen (worunter auch die Heirat der Katharina der Medici mit Heinrich II., König

von Frankreich, fällt) politische Stabilität versschaffen wollte, zeigte also seine Früchte. Auf Alexander, der 1537 von seinem Vetter Lorenzino getötet wurde, folgt Cosimo, der von dem jüngeren Zweig der Familie abstammte. Cosimo verstand es, ein ziemlich ausgewogenes Verhältnis der Beziehungen zu Frankreich und Spanien aufrechtzuerhalten, indem er die politischen Lehren Machiavellis in die Tat umsetzte. Cosimo ist auch eine erhebliche Ausweitung des Einflußbereiches der Familie durch die Eroberung von Siena und die Gründung des Großherzogturms von Toskana (1569) zu verdanken. Ein Zeitabschnitt neuen Glanzes für das Leben der Stadt Florenz und die Familie der Medici hat so mit Cosimo ihren Beginn. Nachfolger von Cosimo ist sein Sohn Francesco I., der wenige Jahre später in der Villa von Poggio a Caiano, einer der schönsten unter den zahlreichen Villen, welche die Medici auf den Hügeln in der Nähe von Florenz erbauen ließen, stirbt. Florenz wird durch neue architektonische Monumente bereichert,unter ihnen die Festung des Belvedere, Werk des Bernardo Buontalenti, die Uffizien von Vasari, die sich zu den erhabenen Palästen reihen, die einige Jahre

2

*Seite gegenüber : **1.** Glockenturm des Giotto, Glockenturm der Badia Fiesolana und der Turm des Bargello. **2.** Die Medici Villa in Poggio a Caiano von Giuliano da Sangallo. **3.** Die Medici Kapellen mit der Kuppel der Neuen Sakristei und im Vordergrund die Prinzenkapelle*

3

Parte Guelfa Palast

Panorama mit dem Bargello und der Badia Fiorentina

vorher von den mächtigsten Florentiner Familien: Pitti, Rucellai, Strozzi, erbaut wurden.
Unter den Nachfolgern von Francesco I. verlieren die Medici viel ihrer einstmaligen wirtschaftlichen und vor allem politischen Macht. Äußerst rege hingegen bleibt ihr Interesse in kultureller und künstlerischer Hinsicht: Gründung der Galerie der Uffizien, der Galerie Palatina im Palazzo Pitti. Eine neue Form des musikalischen Ausdrucks: das Melodram, das in den folgenden Jahrhunderten Triumphe feiern wird, tritt in Florenz seinen Weg um die Welt an.
Ebenfalls in Florenz lebt unter dem Schutz von Cosimo I. und Ferdinand II. der Medici Galileo Galilei, dem die Wissenschaft einschneidende neue Erkenntnisse verdankt. Der Glücksstern der Medici erlischt endgültig unter den letzten zwei Großherzögen Cosimo III. und Giangastone. Mit dem Tod der Schwester Giangastone, Anna Maria Ludovica (1743) findet die Dynastie der Medici ihr Ende.
Das Großherzogtum von Toskana fällt unter die Herrschaft derer von Lothringen, Fürsten von Österreich. Florenz wurde von den Herren von Lothringen mit kurzer Unterbrechung während der Besetzung durch Napoleon bis zum Jahre 1859 regiert; im gleichen Jahr überließ der damalige Großherzog von Toskana, Leopold II, Florenz friedlich und freiwillig seinem italienischen Schicksal.
Die Gründung des Italienischen Reiches erfolgte im Jahr 1860; Florenz war von 1865 bis 1871 Hauptstadt Italiens.
Die künstlerische und kulturelle Aufgeschlossenheit der Stadt Florenz, die so tief in der Seele ihrer Einwohner verwurzelt ist und in all den Kunstdenkmälern ihren beredsten Ausdruck findet, ist trotz der dramatischen Geschehnisse im Zuge des zweiten Weltkrieges bis auf unsere Tage lebendig geblieben. Die Stadt zählt derzeit ungefähr 500.000 Einwohner. Florenz ist immer noch kultureller Mittelpunkt, was in zahlreichen Veranstaltungen wie dem "Maggio Musicale Fiorentino", der "Mostra dell'Artigianato" usw. zum Ausdruck kommt. Ihre geschichtlichen Ursprünge leben in einigen äußerst erfolgreichen folkloristischen Darbietungen wieder auf: dem Fußballspiel in historischen Kostümen und dem Wagenkrachen.
Auch in erst kürzlich erstellten Bauwerken, wie dem Gemeindestadion und der neuen Kirche der Autobahn, sind heute noch Anzeichen jener künstlerischen und kulturellen Tradition zu erblicken, die aus Florenz eine der schönsten und berühmtesten Städte der Welt gemacht hat und noch macht.

Palazzo Vecchio

Die Verbrennung des "Carroccio"

Ein Moment des antiken Fussballspiels in Kostümen

Zentrum des Glaubens

Dieser Mittelpunkt kommt durch die Vereingungen zwei Plätze zustande: Piazza S. Giovanni mit dem Baptisterium, dem Erzbischöflichen Palast und der Loggia del Bigallo aus dem 14. Jahrhundert, sowie dem Domplatz (Piazza Duomo), wo außer dem Glockenturm und der Kathedrale auch der Orden der Barmherzigen Brüder und das Dom-Museum ihren Sitz haben. In dieses natürliche urbanistiche Zentrum der Stadt verlaufen zahlreiche Straßen und Gassen, von denen aus dem Besucher unvergleichliche Ausblicke geboten werden: die Herrlichkeit des Domes, die Eleganz des Glockenturms, die klassische Harmonie des Baptisteriums, die heute wie einst eine magische Anziehungskraft auf den Fremden ausüben, der zum ersten Mal hierherkommt. Dieser Komplex, Ausdruck des Reichtums und des Ehrgeizes einer Stadt des Handels, aber auch der Kunst und Kultur, wie dies das mittelalterliche Florenz war, gilt seit Jahrhunderten als die Visitenkarte der Stadt, der Stolz aller Florentiner.

Der schöne hl. Johannes

Das Baptisterium, das dem hl. Johannes dem Täufer, Patron der Stadt, geweiht ist, ist das älteste Bauwerk von Florenz. Tatsächlich gehen fast alle darin einig, daß es sich bei dem Baptisterium um einen romanischen Bau handelt, der möglicherweise auf das 5. Jahrhundert zurückgeht. Romanischen Ursprungs aus dem 11.-12. Jahrhundert sind hingegen sicherlich die Marmoren Außenverkleidungen; auf den Beginn des 13. Jahrhunderts hingegen geht der Austausch der antiken Apsis mit der jetzigen zurück. Beim Bau des Schönen hl. Johannes (Bel S. Giovanni), wie Dante, einer der berühmtesten hier getauften Bürger, ihn nannte, wurde Abbruchmaterial anderer Häuser verwendet. Interessant das Motiv der Galerie, die auf halber Höhe rundhe-

Luftansicht des religiösen Zentrums, von dem einige Hauptstrassen der Stadt ausgehen.

1

2

rum verläuft und Matroneo (vom lateinischen Matrona) genannt wird, einfach deshalb, weil dieser Teil den Frauen vorbehalten war. Auch der Fußboden ist sehr dekorativ und teilweise mit Intarsien geschmückt. Hoch oben, in der Wölbung der Kuppel, wunderschöne byzantinische Mosaiken aus dem 13.-14. Jahrhundert; es handelt sich dabei um Darstellungen des christlichen Glaubens; gleich oberhalb des Triumphbogens das Jüngste Gericht mit der eindrucksvollen Figur des Christus, der die guten und bösen Seelen scheidet; der Rest ist in horizontale Streifen mit Begebenheiten aus dem Leben des hl. Johannes des Täufers, Christus, des hl. Josefs, sowie der Genesis unterteilt; zum Schluß Engelsscharen und Verzierungen.

1. Baptisterium vom Turm des Giotto aus gesehen. 2. Baptisterium Vincenzo Danti (1539 - 1576) Bronzegruppe im oberteil des Südtors. 3. Das Innere des Baptisteriums, rechts das Grab des Antipapstes Johann XXIII von Michelozzo und Donatello. 4. Nächste Seite: Die Mosaiken der Baptisteriumskuppel.

3

UIRTUTES

Die Portale des Baptisteriums

Von den drei Toren ist das Südportal (praktisch der Eingang) das älteste; es geht auf die erste Hälfte des 14. Jahrhunderts zurück und ist ein Werk von Andrea Pisano, der in den 28 Relieftafeln die Geschichte des Täufers sowie die Tugenden verkörpert hat. Die weiteren zwei Portale sind ein Werk von Lorenzo Ghiberti.
Das Nordportal, das erste in chronologischer Reihenfolge, wurde in 23-jährige Arbeit, von 1401 bis 1424, erstellt; auch dieses ist aus 28 Tafeln zusammengesetzt, welche in vierlappige Rahmen nach gotischer Tradition eingeschlossen sind und Begebenheiten des Neuen Testaments sowie der vier Evangelisten und der Kirchengelehrten darstellt. Das Ostportal schließlich ist die Kopie des Meisterwerkes Lorenzo Ghibertis. Die lange Arbeitszeit, 27 Jahre, von 1425 bis 1452, zeugen von dem glühenden Ehrgeiz des Künstlers, zu einer nie dagewesenen Perfektion der Formgestaltung zu gelangen. Dieses Portal ist nicht mehr in 28 Felder, sondern nur mehr 10 Tafeln mit biblischen Themen, und zwar ohne Rahmen, unterteilt. Der Stil von Ghiberti, der eher als zurückhaltend und nicht so revolutionär wie derjenige seines Rivalen Brunelleschi bezeichnet werden kann, entspricht mehr dem Geschmack der Renaissance. Die Perspektive, die Anlehnung an das Klassische sowie die feine Ausführung der Zieselierungen, die durch die Vergoldung noch hervorgehoben wird, verleiteten Michelangelo 50 Jahre nach ihrer Entstehung dazu, sie als des Paradieses würdige Portale zu bezeichnen.

1

2

3

1. Das sogenannte "Tor zum Paradies" von Lorenzo Ghiberti mit Abbildungen aus dem Alten Testament. 2. Das Südtor von Andrea Pisano. 3. Das Nordtor des Ghiberti. Nächste Seite : oben ein Ausschnitt der Tafel "Die Schaffung von Adam und Eva"; unten ein Ausschnitt aus der Tafel " Kain tötet Abel".

1

2

3

1. *Tafeln mit den "Geschichten Josephs".* ***2.*** *Ausschnitt aus der Tafel "Geschichten Josephs".* ***3.*** *Ausschnitt aus der Tafel "Salomon trifft die Königin Sabas"*

Ansicht der St. Johannesplatzes vom Turm des Giotto aus.

Die Kathedrale

Um das Jahr 1296 wurde beschlossen, daß die antike, der hl. Reparata geweihte Kathedrale (bei den Grabungen im Inneren der jetzigen Kathedrale kamen Überreste davon zum Beschein; siehe dazu die folgende Seiten) der Bedeutung und den Aumaßen der Stadt nicht mehr genüge; es war Arnolfo di Cambio, der bereits ein Jahr zuvor die Arbeiten zur Heiligkreuz-Kirche (S. Croce) begonnen hatte, der den Auftrag bekam, das Projekt für den Bau der neuen Kathedrale auszuarbeiten, die den Namen S. Maria del Fiore (hl. Maria der Blume) erhielt: augenscheinlich dabei die Anlehnung an den alten lateinischen Namen Florentia, d.h. Stadt der Blume. Die Arbeiten zogen sich über einen langen Zeitraum hinweg und erst im Jahre 1436, nach 140 Jahren, konnte Papst Eugen IV. die Kirche einweihen. Anschließend (Ende des 15. Jahrhunderts) wurde die Kuppel mit einer Laterne gekrönt; erst gegen Ende des vergangenen Jahrhunderts wurde die Fassade nach Zeichnungen des Architekten Emilio de Fabris mit Marmor verkleidet. Das Innere hat die Form eines lateinischen Kreuzes mit drei Schiffen, die durch Große Pfeiler und ein Chorgestühl unterteilt sind, das den Abschluß zweier Seitengänge und einer halbkreisförmigen Apsis bildet. Der strenge und von äußerster Schlichtheit gekennzeichnete Baustil lassen die innere Weite noch mehr hervortreten: mit ihren über 150 Metern Länge ist diese Kirche die drittgrößte des Christentums nach dem Petersdom in Rom und der Paulskirche in London. In dem massiven Bauwerk des Domes, das ursprünglich gotischen Einflüssen unterlag, vereinen sich Pracht und klassische Würde, die Florenz von Rom übernommen hatte. Die Kontraste und Unausgeglichenheiten des Gotischen verschwinden fast gänzlich in der Suche nach der idealen Formgebung, welche von einem perfekten Quadrat ausgeht, dessen 38 Meter Seitenlänge durch die Höhe des Mittelschiffes und die Breite der Kirche zustandekommt. Kultstätte und Ort denkwürdiger Predigten eines Savonarola, war die Kathedrale Schauplatz eines furchtbaren Attentats am Ostersonntag des Jahres 1478, als einige, von Papst Sixtus IV. und der Familie der Pazzi aus Florenz gedungene Schergen versuchten Lorenzo den prächtigen und seinen Bruder

Gegenüberliegende Seite: Luftansicht der Kathedrale. Diese Seite: Abschnitt der Fassade des Doms und des Turms des Giotto; im Hintergrund der Palazzo Vecchio.

Giuliano de' Medici zu ermorden. In der sogenannten Verschwörung der Pazzi fand Giuliano den Tod, während sich Lorenzo mit Hilfe von Freunden retten konnte, indem er sich in der Sakristei der Kirche versteckt hielt.

1

2

Gegenüberliegende Seite : Die Fassade der Kathedrale, ein Werk aus dem 9.Jhrt. des Emilio de Fabris. ***1.*** *Das Innere der Kathedrale*
2. *Domenico di Michelino: Dante ausserhalb der Mauern, in die Welt seiner Komödie versunken.*

1. Paolo Uccello: Reiterdenkmal von John Hawkwood 2. Paolo Uccello: Uhr der inneren Fassade der Kathedrale, 1443 fertiggestellt, erst bei der letzten Restaurierung hat sie ihre ursprüngliche Form wiederbekommen. 3. - 4. Ausschnitte der Uhr. 5. Paolo Uccello: Fenster der Kuppel. 6. - 7. Die antike Kathedrale S. Reparata, im Untergeschoss des Doms. In den nach der Überschwemmung von 1966 erfolgten Ausgrabungen ans Licht beförderte Grabsteine.

1

2

3

4

5

6

7

Die Kuppel

Gesondert behandelt zu werden verdient die Kuppel, die Brunelleschi in den Jahren 1420 bis 1434 schuf. Trotz enormer Ausmaße (45 m grunddurchmesser und 114 m Höhe) wurde die Kuppel ohne die sonst üblichen Armierungen errichtet. Brunelleschi wandte dabei das sogenannte Fischschuppensystem an, bei dem ein Ziegel in den anderen verankert wird, so daß das Bauwerk, das in immer enger werdenden Kreisen nach oben strebt, sich alleine trägt. Um die Kuppel besser zu sichern und abzustützen, dachte sich Brunelleschi eine doppelte Abdeckung mit einer Zwischendecke in der Mitte aus, von der aus eine Treppe mit 463 Stufen bis zur Terrasse der Laterne führt.

Die Fresken, welche Szenen des Jüngsten Gerichts zum Thema haben, im Inneren der Kuppel wurden im Jahre 1570 von Vasari begonnen und nach seinem Tod von Federico Zuccari vollendet.

Um das Jahr 1500 entstand der Plan, rund um die Kuppel einen

1

Marmorbalkon anzulegen. Der Auftrag wurde Baccio d'Agnolo erteilt, der 1508 den ersten der acht Seitenabschnitte fertiggestellt hatte. Nachdem man aber die maßgebliche Meinung von Michelangelo eingeholt hatte, der den Rundgang als einen Grillenkäfig bezeichnete, wurden die Arbeiten eingestellt.

1. Die Apsis des Doms. 2. Ausschnitt der Aussenansicht des Doms vom Glockenturm aus gesehen : Die Kuppel Brunelleschis mit der von nach Brunelleschis Entwurf 1461 gefertigten Lanterne und von Verrocchio 1474 mit der Kupferkugel vervollständigt.

2

Der Glockenturm

Das Projekt dafür geht auf Giotto zurück, der 1334 mit dem Bau begann und bis zu seinem Tod im Jahre 1337 daran arbeitete. Andrea Pisano zuerst und dann Francesco Talenti führten das Werk weiter, änderten aber den ursprünglichen Plan in der Weise ab, daß sie den Turm mit einer horizontalen Terrasse anstatt der vorgesehenen Spitze abschlossen. Der Campanile (89 Meter) wurde mit farbigem Marmor verkleidet, die Arbeiten daran endgültig im Jahre 1359 beendet.

Dom-Museum

Die Eröffnung dieses Museum geht auf das Ende des vergangenen Jahrhunderts zurück, als man beschloß, hier Kunstwerke, vor allem Skulpturen aus dem Dom, dem Glockenturm und dem Baptisterium zu vereinen. Vom Glockenturm stammen die sechseckigen Tafeln mit Geschichten der Menschheit von Andrea Pisano und Luca della Robbia, sowie auch die 16 Statuen der Propheten in den Nischen. Unter diesen wollen wir diejenige des Abakuk und des Jeremias erwähnen, die unwahrscheinlich wahrheitsgetreu von Donatello im Jahr 1436 geschaffen wurden. Aus dem Baptisterium finden wir außer dem Silberaltar die Magdalena von Donatello, die nach langwierigen Restaurierungsarbeiten aufgrund der Überschwemmung im Jahre 1966 hierher gebracht worden war, sowie die ersten bereits restaurierten Tafeln des Tors des Paradieses. Aus der Kathedrale schließlich stammen, wie viele andere Werke, die zwei Chöre (cantorie) von Donatello und Luca della Robbia sowie die Pietà von Michelangelo. Beide Werke stammen aus derselben Epoche und entstanden

Auf dieser Seite:
*Der Glockenturm Giottos. Nächste Seite : **1.** Domgemälde : Chor von Donatello, **2.** Domgemälde : Madonna mit Kind von Arnolfo di Cambio **3.** Domgemälde : Ausschnitt aus dem Chor von Luca della Robbia.*

1

2

3

1

2

3

1. Donatello : Magdalena, spätes holzgeschnitztes Werk, die letzte Restaurierung hat ihr die ursprüngliche Vielfarbigkeit wiedergegeben. 2. Donatello : Der Prophet Abakuk, der sogenannte "Dickkopf". 3. Donatello : Der Prophet Jeremias, der sogenannte "Volkstümliche". Nächste Seite : Die "Pietà (Gnade)" von Michelangelo.

zwischen 1431 und 1439, veranschaulichen jedoch das klassische Ideal unter zwei gänzlich verschiedenen Gesichtpunkten: reiner und ausgeglichener der Stil von Luca, dessen Figuren in vollkommener Harmonie zu schweben scheinen; lebendiger und dynamischer präsentiert sich uns Donatello in dem ausgelassenen Wettlauf der Putten hinter der Brüstung.

Die Pietà

Michelangelo war fast achtzig Jahre alt, als sich zum dritten Mal an das Thema der Kreuzesabnahme wagte. Diese Pietà sollte sein Grabdenkmal werden und der Künstler gab der Gestalt des Nikodemus mit der Kapuze seine eigenen Züge. Rechter Hand die Jungfrau, deren Gesicht vom Schmerz fast augelöscht zu

sein scheint; in der Mitte der leblosschlaffe Körper Christus', der mit Mühe von seiner Mutter und Nikodemus gestützt wird; links Magdalena, eine Gestalt, die später von Tiberio Calcagni gemeißelt wurde, nachdem Michelangelo, der von der Qualität des Marmors enttäuscht war, versucht hatte, das Werk zu zerstören, und es nicht vollendet hatte.

Stadtviertel der Medici

Wenige Meter vom religiösen Zentrum befindet sich das Viertel S. Lorenzo. Stets belebtes Zentrum bildet es mit den vielen Verkaufsständen den größten Markplatz der Stadt unter freiem Himmel. Es war der Architekt Giuseppe Mengoni, der Ende des vergangenen Jahrhunderts diese bedeutendste architektonische Anlage in Florenz schuf. S. Lorenzo ist aber vor allem auch das Viertel der Medici; auf Wunsch des großen Bankiers und Familienoberhauptes Cosimo wurde der Palazzo errichtet, die Kirche und das Kloster neu erbaut, während die Schaffung des Grabdenkmals durch die Großherzöge erfolgte.

Der Palast der Medici

Im Jahre 1444 von Michelozzo, dem bevorzugten Architekten Cosimos errichtet, stellt der Palast eines der typischsten Beispiele weltlicher Architektur der Renaissance dar. Wuchtig und massiv der untere Teil aus Steinmauerwerk, weiter nach oben wirkt er durch die Unterbrechung der Fassade durch Zweibogenfenster wesentlich freundlicher. Hier wohnten Cosimo der Ältere, Lorenzo der Prächtige und eine Schar Literaten und Künstler. Mit der Machtübernahme durch Cosimo I. siedelten die Medici in den Palazzo Vecchio (1540) über. Später dann, im Jahre 1655, wurde der Palast an den Marquis Riccardi abgetreten, der bei Vergrößerungsarbeiten die Proportionen veränderte. Heute hat darin die Präfektur von Florenz ihren Sitz.
DAS INNERE: Von besonderem Interesse im Inneren die Barock-Galerie, die im Jahr 1682-83 von Luca Giordano mit Fresken ausgeschmückt wurde (in der Wölbung die Apotheose der Dynastie der Medici) sowie die Kapelle mit Fresken der hl. Drei Könige auf dem Weg nach Betlehem von Benozzo Gozzoli. Im Jahre 1460 von Piero den Gichtleidenden in Auftrag gegeben, ist in diesen Szenen ein äußerst gewichtiges Ereignis veranschaulicht: das Ökumenische Konzil des Jahres 1439, das Cosimo der Ältere nach Florenz bringen konnte, bei dem West- und Ostkirche zum letzten Male vereint waren.
Bewunderungswürdig die Kunst des Malers, bis ins kleinste Detail die Stickereien und Stoffmuster der Gewänder des Patriarchen Joseph von Konstantinopel und des Kaisers Giovanni Paleologo wiederzugeben, sowie die Ausdruckskraft der Portraits der berühmtesten Mitglieder der Familie Medici.

1. Die Stände des St. Lorenz Marktes. *Nächste Seite : 2. Der Palazzo Medici - Riccardi von Michelozzo.* *3. Der Garten des Palazzo Medici - Riccardi. 4. Die Kapelle des Palazzo Medici - Riccardi : Benozzo Gozzoli - Ausschnitt des Ausritts der Weisen.*

1

2

3

4

Die Kirche zum hl. Lorenz

Im Jahre 393 vom hl. Ambrosius gegründet, wurde diese Kirche im 11. Jahrhundert im romanischen Stil neuerbaut. Die heutige Form des Baues geht auf den im 15. Jahrhundert im Auftrag der Medici von Brunelleschi ausgeführten Erstbanzüruck. Das Innere ist von einmalig klarer Schönheit. Die Harmonie der geometrischen Linienführung, das rationale Gleichgewicht zwischen dem Lichtgrau der Steine und dem Weiß der Wände machen diese Kirche zu einem architektonischen Juwel der Renaissancezeit. Gegenüber dem Hauptaltar erinnert eine Gedenktafel an den Beisetzungsort von Cosimo I. der Medici. Diese große Ehre wurde ihm von den Bürgern der Stadt erwiesen, die ihn zum Pater Patriae - Landesvater erkoren hatten. In der Kirche werden zahlreiche Kunstwerke aufbewahrt, darunter zwei wunderschöne Kanzeln von Donatello aus seiner späteren Schaffenszeit. Am Ende der beiden Seitenschiffe zwei Sakristeien: die eine, ein Werk des Michelangelo, stammt aus dem Museum der Medici-Kapellen, die andere, auf der linken Seite, ist die alte Sakristei. Auch hier kommt der Stil von Brunelleschi in schönster Klarheit zum Ausdruck: nichts wird dem Zufall überlassen, alles ist von äußerster, bis ins letzte berechneter Einfachheit. Die Ausschmückungen stammen von Donatello: der große Sarkophag aus Bronze, in dem Piero und Giovanni der Medici, die Söhne von Cosimo dem Älteren, ruhen, ist das feinstes ausgeführte Werk von Andrea del Verrocchio (1472). Vom linken Seitenschiff der Kirche gelangt man durch den Kreuzgang in das Vestibül der "Biblioteca Laurenziana", welche ein Werk Michelangelos ist. Äußerst eindrucksvoll ist der Treppenaufgang.

Gegenüberliegende Seite : B. Gozzoli - Ausschnitt des Ausritts der Weisen. Diese Seite : Die St. Lorenz Basilika.

1

2

3

4

5

Gegenüberliegende Seite: Das Innere der St. Lorenz Basilika. **2. -3.** *Bronzekanzeln von Donatello.* **4.** *Die Alte Sakristei.* **5.** *Der Zodiakus der Alten Sakristei mit der himmlischen Hemisphäre von Giuliano D'Arrigo, dem sogenannten "Pesello".* **6.** *Filippo Lippi : Mariä Verkündigung der Martelli Kapelle.*

6

1

Die Medici Kapellen
Die Grabstätte

Schon beim Eintritt in die Krypta wird man sich der Feierlichkeit und Bedeutung dieses Ortes bewußt: hier ruhen fast alle Mitglieder der Familie Medici der jüngeren Zeit. Über wenige Stufen gelangt man von der Krypta aus in die Kapelle der Prinzen (Cappella dei Principi), die in prunkvollem Barockstil im

1. St. Lorenz, die Treppe von Michelangelo im Vestibül der Lorentinischen Bibliothek. 2. Der Kreuzgang von St. Lorenz. 3. Luftansicht von St. Lorenz. 4. Michelangelo: Muttergottes mit Kind

2

3

4

Jahre 1604 von Matteo Nigetti gestaltet wurde, mit kostenbaren Marmordekorationen und Mosaiken, welche die Wappen der Städte darstellen, die zum Großerzogtum Toskana gehörten. Die im 16. Jahrhundert von den Medici gegründete sogenannte Steinschule bedient sich heute noch der gleichen Techniken wie damals. Die Farben der sogenannten Florentiner Mosaiken sind die natürlichen des Marmors, der Halbedelsteine, Perlmutter, Lapislazuli, Koralle usw. Die Kapelle wurde nie fertigestellt; tatsächlich sind die Nischen oberhalb der großen Sarkophage fast alle leer. Die einzigen zwei Statuen in vergoldeter Bronze von Ferdinand I. und Cosimo II. stammen von Ferdinando Tacca.
Auch die Fresken sind aus spätere Zeit und das Werk von Pietro Benvenuti (1826).

COSMVS·I·M·DVX·ETR
FERDINANDVS·I·M·D·ETR

Die Neue Sakristei

Im Jahre 1520 von Giulio de' Medici und dann von Papst Klemens VII. in Auftrag gegeben, wurde sie 1534 fertiggestellt. Sie stellt eines der Meisterwerke von Michelangelo dar, der die architektonischen Pläne erstellte und die Statuen schuf. In dieser Kapelle spielt sich das Drama der Konfrontation von Ewigkeit und Erdenleben der Menschheit wider. Das Thema des Werkes ist ein der Ewigkeit gegenübergestellter Mensch; diese wird durch vier nackte, auf den Sarkophagen ruhende Gestalten dargestellt, welche auf der einen Seite den Tag und die Nacht, auf der anderen den Abend und Morgen darstellen. In den Gestalten Giulianos und Lorenzos oberhalb der beiden Sarkophage kommen die Möglichkeiten zum Ausdruck, durch welche der Mensch über sein Erdenleben hinaus weiterleben kann: den Heroismus, der durch die stolze Gestalt des Herzogs Giuliano von Nemours verkörpert wird; die Intelligenz, welche uns die Gestalt Lorenzos, Herzog von Urbino, vermittelt, aber vor allem den Glauben, welcher die Menschheit in diesem Erdenleben bewahrt. Beide Gestalten blicken auf die Gestalt der Jungfrau. In dieser Kapelle ruhen außerdem Lorenzo der Prächtige und sein Bruder Giuliano, und zwar in den Sarkophagen zu Füßen der Statuen der Muttergottes und der Schutzheiligen der Medici: Cosma und Damiano, welch letztere von Giovanni da Montorsoli und Raffaello da Montelupo geschaffen wurden.

Gegnüberliegende Seite : Oben die Prinzenkapelle (Ausschnitt), mit Stein und kostbarem Marmor verziert, Unten : die Achteckige Kuppel mit Fresken von Pietro Benvenuti. ***1.*** *Michelangelo : Das Grab Giulianos, Herzog von Nemours.* ***2.*** *Michelangelo : Das Grab Lorenzos, Herzog von Urbino. Auf den folgenden Seiten :* ***1.*** *Michelangelo : Die Nacht.* ***2.*** *Michelangelo : Der Tag.* ***3.*** *Michelangelo : Die Abenddämmerung.* ***4.*** *Michelangelo : Die Morgenröte.*

1

2

1

3

2

4

Bei der Architektur stand das Motiv der alten Sakristei Pate, welche von Brunelleschi ein Jahrhundert zuvor errichtet worden war: ein viereckiger zentraler Grundriß mit einer Kuppel darüber und Dekorationen in lichtgrauen Stein auf weißem Verputz. In dem Werk Michelangelos kommt deutlich die weit größere Ausdruckskraft und Wuchtigkeit gegenüber der Klarheit der Linien und der Geometrie eines Brunelleschi zum Vorschein; alles wirkt weniger leicht und ätherisch, eher gedrückt durch die monumentalen Szenen der kassettenförmigen Ausschmückungen der Kuppel, welche an das Pantheon in Rom erinnern.

Das Kloster von San Marco

Seit dem 13. Jahrhundert im Besitz der Silvestriner Mönche, wurde es im Jahr 1427 von Papst Eugen IV. dem Dominikaner-Orden zugewiesen. 1437 gab Cosimo der Ältere Michelozzo den Auftrag, das Kloster umzubauen, das in kurzer Zeit einer der bedeutendsten Mittelpunkte der Florentiner Kulturwelt wurde; berühmte Persönlichkeiten wohnten in diesem Kloster; besonders hervorzuheben sind dabei der hl. Antonino, Erzbischof von Florenz, Girolamo Savonarola sowie Beato Angelico, dessen künstlerischer Geist im gesamten Komplex durch kostbare Fresken zum Ausdruck kommt: vom Kreuzgang zum Refektorium und bis zu den Zellen im oberen Stockwerk. Das Kloster wurde im Jahre 1866 aufgelassen und dient heute als Museum der Werke von Beato Angelico, und ist eines der typischsten Beispiele eines einem einzigen Künstler gewidmeten Museums. Es enthält in der Tat fast einhundert seiner Werke an Fresken und Bildern. Die Malkunst von Fra Angelico unterlag religiösen Einflüssen, wie sie für das Mittelalter typisch sind: Werke mit friedvollen, harmonischen Motiven, die keine Unruhe kennen und einer paradiesischen Sphäre entspringen die unentwegt in ein gewisses Licht getaucht ist, sei es dem glitzernden eines Goldblattes, sei es dem klaren, bläßlichen seiner Landschaften.

1

Ein Mann wie er, mit einem Leben wie ein Heiliger - wie Vasari ihn beschrieb -, der sich dem mittelalterlichen Einfluß so tief verschrieben hatte, konnte sich dennoch nicht vor all den großen Neuerungen in künstlerischer Hinsicht und alledem verschließen, was sich außerhalb der Klostermauern zu Anfang des 15. Jahrhunderts in Florenz zutrug. Nur so lassen sich die plastischen und räumlichen Effekte seiner Malerei erklären, die eine neue künstlerische, zweifelsohne dem Stil der Florentiner Renaissance nahestehende Kunstrichtung einleitete. Auf alle Fälle ist er ein Künstler, in dessen Werken Kirche und Welt, Gotik und Renaissance in engster Verbindung zueinander stehen.

2

3

1. Fassade der St. Markuskirche. 2. B. Angelico : Das Jüngste Gericht. Ausschnitt der Erwählten. 3. B. Angelico : Die Kreuzabnahme. Für die Strozzi Kapelle um 1433 geschaffen, von Lorenzo Monaco begonnen und nach seinem Tode 1425 waren nur die Giebel und die Predelle fertig, die sich jetzt in der Gallerie der Accademia befinden. Angelico hat das Altarbild einige Jahre später vollendet.

1

2

Gegenüberliegende Seite : Oben : B. Angelico - Kreuzigung mit Heiligen (1441 - 1442), unten : B. Angelico - Madonna mit Kind auf dem Thron von Heiligen umgeben, sogenannte "Schattenmadonna". ***1.*** *B. Angelico : Mariä Verkündigung. Eines der bekanntesten Werke des Malers, zwischen 1440 und 1450 datiert.* ***2.*** *B.Angelico : Das Abendmahl.*

B.Angelico: Noli me Tangere, 1.Zelle - Freske

B.Angelico: Christi Geburt, 5.Zelle - Freske

B.Angelico: Verklärung Christi, 6.Zelle - Freske

B.Angelico: Verhöhnung Christi, 7.Zelle-Freske

Platz der hl. Annunziata

Dies ist einer der schönsten Plätze von Florenz, von großartiger harmonischer Wirkung durch die drei Laubengänge, die ihn entschließen: derjenige der Annunziata, derjenige der Bruderschaft der Diener Mariens und schließlich derjenige des Hostpitals der Unschuldigen, der zwischen 1419-21 von Brunelleschi geschaffen worden war. Die Fassade des Krankenhauses besteht aus einem Laubengang mit neun Bögen, die auf schlanken Steinsäulen ruhen. Äußerst wirkungsvoll und dekorativ die von Andrea della Robbia (ca. 1487) geschaffenen Keramik-Medaillons mit Putten in Windeln.

1. Der SS. Annunziata - Platz, der Springbrunnen von Pierto Tacca. 2. Ansicht der SS.Annunziata - Kirche und des Innocenti - Krankenhauses.

1

2

1

1. Das Innere der Basilika SS.Annunziata.
2. Pontormo: Der Nazzareno. Nächste Seite: Gallerie der Accademia, Der David von Michelangelo.

2

Die Akademie

Im Jahre 1784 von Großherzog Pietro Leopoldo gegründet, wurde sie im vergangen Jahrhundert vergrößert und umstrukturiert. 1873 ließ der Architekt Emilio de Fabris eigens für den "David" von Michelangelo eine Tribüne erbauen. Von Michelangelo stammen außerdem die vier Gefangenen, der hl. Matthäus und die Pietà von Palestrina, die erst 1940 hierher geschafft wurde.

Standbild des David

Es war im Jahre 1501, als die Republik Florenz Michelangelo dieses Standbild in Auftrag gab. Der Künstler zählte damals 26 Jahre und war von seinen Theorien über die ideale Schönheit zutiefst überzeugt, die er sich im neoplatonischen Milieu des Hofes der Medici angeeignet hatte. Die Schönheit war sozusagen ein Rückstrahl des göttlichen Lebens auf die Erde, eine Offenbarung Gottes in der menschlichen Gestalt, in der die göttliche Schönheit am stärksten zum Ausdruck kommt.

1

2

1. Die Tribüne des David Michelangelos. 2. Ausschnitt des David.

Michelangelo war außerdem davon überzeugt, daß der Begriff der überdischen Schönheit nur durch einen Filtrierungsprozeß über Natur, Phantasie und künstlerische Idee zustandekäme. Er glaubte nicht an die perfekte Imitation der Natur auch wenn er zutiefst davon fasziniert war und äußerst viel Zeit darauf verwandte, Leichname zu sezieren, um ihre Anatomie zu studieren. Das Resultat dieser Studien, dieser Theorien und Phantasien war der David, eine Verkörperung der idealen überdischen Schönheit; ein Werk, das heute zu den bekanntesten und meist geschätzen der Welt zählt.
Michelangelo benötige zur Fertigstellung dieses vier Meter hohen Kolosses ungefähr drei Jahre. Im Jahre 1504 wurde die Statue vor dem Palazzo Vecchio auf der Piazza

della Signoria aufgestellt, als Symbol der so hart erkämpften Freiheit der Stadt und des festen Willens der Bevölkerung, diese bis aufs äußerste zu verteidigen. Der Ausdruck des biblischen Helden ist in der Tat derjenige höchster Konzentration und Entschlußkraft. Diese moralische Stärke verleiht ihm einen Ausdruck von Ausgeglichenheit und Ruhe, während die Spannung des Körpers vor allem in den abrupten Bewegungen des Halses und der Hände, welche die Schleuder und den Stein umfassen, mit denen er Goliath besiegen wird, zum Ausdruck kommt.

Die Gefangenen

Diese vier Statuen stammen aus der Grotte der Buontalenti im Garten von Boboli, wo sie der Großherzog Cosimo I. hatte aufstellen lassen, der sie nach dem Tode Michelangelos als Geschenk erhalten hatte. Sie bildeten einen Teil des großen Planes für die Grabstätte von Papst Julius II., den Michelangelo aber nicht zu Ende führen konnte, was für den Künstler ein Grund großer Enttäuschung und Frustration war. Es handelt sich um die beunruhigendsten Statuen, die jemals in Stein gehauen wurden; was am meisten beeindruckt, ist der Ausdruck von Unterdruck, sowie der zwischen Geist und Materie entfesselte Kampf. In diesem ureigenen Stil Michelangelos, der "unvollendet" genannt wird, sind noch die von seinem Skalpell Hinterlassenen Spuren zu sehen; vor allem aber wird man sich der Kreativität und Inspiration des Künstlers bewußt, die diesen bei jedem seiner neuen Werke beseelte. Mit ein wenig Einführungsvermögen kann man in den kaum behauenen Marmorblöcken die fertig modellierten Figuren erblicken. Ihre Ausdruckskraft und Schönheit sind so beeindruckend, daß man fasziniert in Erwartung bleibt, sie nach und nach befreit zu sehen. In der Galerie finden wir außerdem wunderschöne flämische Gobelins sowie eine reichhaltige Pinakothek mit Werken aus der Florentiner Schule aus dem 14., 15. und 16. Jahrhundert.

Atlas

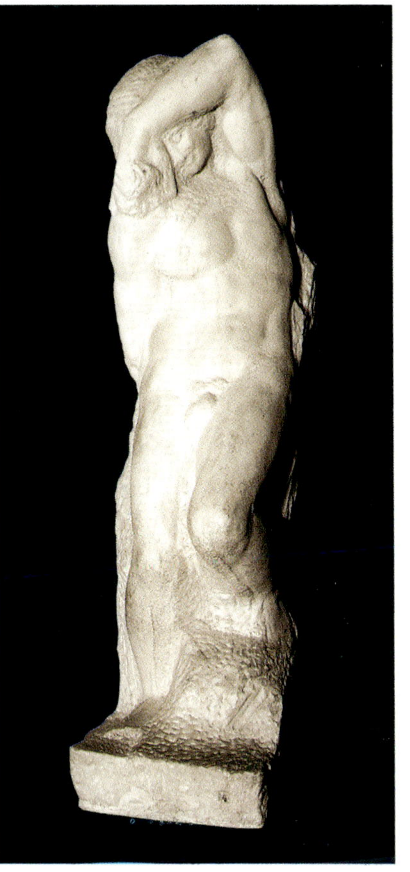

Der junge Sklave

Bärtiger Sklave

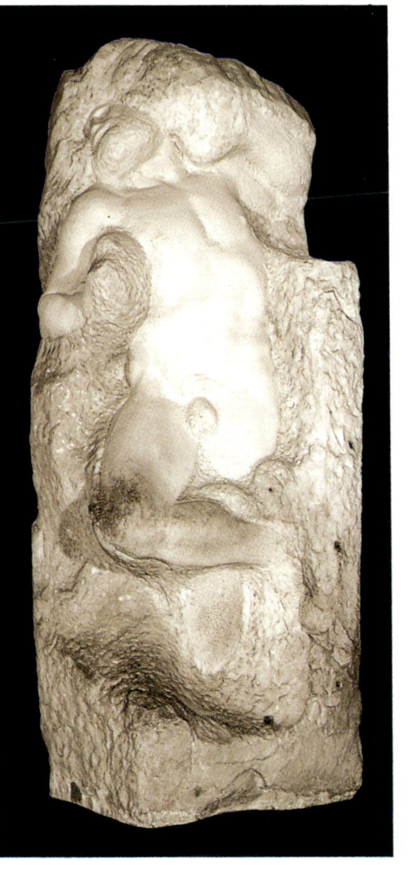

Erwachender Sklave

1. *Michelangelo : Die Gnade (Pietà) Palestrinas, für die Familie Berberini in Palestrina geschaffen.* **2.** *Michelangelo : St. Mattheus.* **3.** *Botticelli : Madonna mit Kind und Engeln.* **4.** *Botticelli : Die Madonna des Meers.*

1

2

3

4

5

6

5. Adimari Truhe. 6. Pacino di Bonaguida : Der Lebensbaum.

Archäologisches Museum

Von größter Wichtigkeit für das Studium von Kultur und Kunst der Etrusker, enthält das archäologische Museum auch griechische und römische Stücke, sowie eine sehr bedeutende ägyptische Sammlung. Das Museum wurde im Jahre 1870 gegründet und befindet sich in einem Palast aus dem 17. Jahrhundert namens Crocetta.

Unter den wichtigsten Werken finden-wir die **"Verwundete Schimäre von Bellerofonte"**, eine etruskische Statue aus dem 5. Jahrh. v. Chr.; ein herrliches Kunstwerk in Bronze, das 1555 in der Nähe von Arezzo gefunden worden war, und an dessen Restaurierung auch Cellini Hand anlegte; wir erwähnen dann den **"Redner"**, ein weiteres Beispiel etruskischer Kunst aus dem 3. Jahrh. V. Chr., sowie die **"Vase François"**, die zweifelsohne das wertvollste Stück des Museums ist. Es handelt sich dabei um eine Keramik aus der Athener Fabrik Ergotimos, geschaffen von dem griechischen Künstler Klitias, und zwar im 6. Jahrh. v. Chr.

Zudem sind in diesem Museum Sarkophage und etruskische Keramiken zu bewundern.

1

2

1. Archäologisches Museum: die im vergangenen Jhrt. aufgefundene Vase François, von Grossherzog Leopold II. aufgekauft. 2. Der Garten des Archäologischen Museums. 3. Sarkophag von Larthia Seianti, in gebranntem Ton mit vielfarbiger Dekoration (Chiusi 2. Jhrt. v.C.). 4. Die Chimere, etruskische Bronzestatue, 5. bis 4. Jhrt. v.C. 5. Apollo Milani, griechischer Kouros aus dem 6. Jhrt. v.C.

3

4

5

Die Synagoge

Es war der Bankier David Levi, der im vergangen Jahrhundert nach der Zerstörung des Ghettos die Summe von 1.500.000 Lire für die Errichtung eines neuen hebräischen Tempels zur Verfügung stellte. Der Bauauftrag wurde an drei Architekten: Treves, Micheli und Falcini, vergeben; die Fertigstellung erfolgte im Jahre 1882, nach ungefähr acht Jahren Bauzeit. Heute ist die Synagoge von Florenz eine der schönsten Europas; der maurische Baustil erinnert an den spanischen Ursprung der ersten jüdischen Gemeinschaft, die nach Florenz kam. Die derzeitige Gemeinschaft zählt nach den Schrecken des Zweiten Weltkrieges nicht mehr als 1.500 Seelen.
Während des Krieges erlitt die Synagoge schwere Schäden; weit größerer Schaden aber entstand während der Überschwemmung des Jahres 1966, als dabei viele heilige Schriften (Tora) vernichtet wurden.

1. - 2. Die Synagoge : Gemeinsames Werk der Architekten Trevi, Micheli und Falcini, 1882 fertiggestellt.

1

2

Friedhof
der Engländer

Entlang der Umfahrungsstraßen finden wir auf halbem Weg zwischen dem antiken Nordtor (Porta S. Gallo) und demjenigen im Osten (Porta alla Croce) den Friedhof der Engländer (Cimitero degli inglesi), in dem die berühmte Dichterin Elisabeth Barrett Browning im Jahre 1861 zur letzten Ruhe gebettet wurde. Sozial und vor allem politisch interessiert (Unabhängigkeit Italiens), verheiratete sie sich mit Robert Browning und wohnte ständig in Florenz im Hause Guidi, das ihrem berühmtesten Gedicht "Casa Guidi windows" den Namen gab.

Die National Bibliothek

Das Vorhaben zum Bau der neuen Nationalbibliothek stammt von dem römischen Architekten Cesare Bazzani. Das Gebäude entstand von 1911 bis 1935 auf dem ehemals von einer alten Kaserne besetzten Grundstück Die Bibliothek war während der Überschwemmung des Jahres 1966 wohl am ärgsten mitgenommene Kulturzentrum. Zahlreiche Bände wurden dank des selbstlosen Einsatzes zahlreicher junger Leute aus Italien und aus dem Ausland aus dem Schlamm gerettet.
Die Bibliothek umfaßt heute ungefähr 4 Millionen Bände und Broschüren, 25.000 Manuskripte, 700.000 Briefe und Dokumente sowie 15.000 Landkarten.

Die Russische Kirche

Dieses prachtvolle Monument der russischen Kunst befindet sich in der Nähe der Fortezza da Basso in Via Leone X Nr. 8. Die orthodoxe Kirche wurde in den Jahren 1899-1903 mit Geldern der reichen und aristokratischen russischen Kolonie erbaut (ein Viertel des Betrags wurde von der Familie Demidoff gespendet). Der Autor des Projekts, M. Preobragensky, wählte den Moskauer Architekturstil des siebzehnten Jahrhunderts. Die zentrale Struktur von kubischer Form ist von fünf Kuppeln gekrönt: der Kirchplatz wird von einem "Vorhang" bedeckt. Auch italienische Meister haben ihre Beiträge geleistet: der Architekt G. Boccini, der Marmorsteinmetz G. Novi, die Gießer Michelucci und die Keramiker Cantagalli. Das zweistöckige Bauwerk umfaßt die höhere Christ - Geburt - Kirche und die untere von San Nicola di Bari. Die Mauern sind von Malereien bedeckt, die von russischen Malern auf Karton verwirklicht wurden. Die Kirche ist mit einer Ikonostase geschmückt, einer Stiftung des Kaisers Nicola II.

Heligkreuz (Santa Croce)

Der hl. Franz von Assisi. Apostel der Armen. starb im Jahre 1226 und schon 1228 wurde er heiliggesprochen. Seine Anhänger verstreuten sich über ganz Italien und wohnten in den ärmsten Vierteln jeder Stadt. Die Errichtung einer dem Heiligen in Florenz gewidmeten Kirche ist bereits für das Jahr 1229 geschichtlich belegt. Auf den Ruinen dieses Kirchleins ließ dann Arnolfo di Cambio im Jahre 1295 - einem äußerst glücklichen Moment hinsichtlich der Stadt Finanzen - die Kirche zum Hl. Kreuz errichten. Lichterfüllt durch die wunderschönen Fenster. in Form eines ägyptischen Kreuzes (T) angeordnet. mit einem Inneren von eindrucksvollen Ausmaßen. ist sie die größte franziskanische Kirche in Italien Unweigerlich mußte die Kirche im laufe der Jahre zahlreiche Umbauarbeiten über sich ergehen lassen: leider wurde dabei in der zweiten Hälfte des 16. Jahrhunderts vieles der primitiven Baustruktur zerstört. Andrea Orcagna wurde praktisch "weggewischt" und seine Fresken an den Wänden durch schwerfällige Altäre des Vasari ersetzt. Der Baustil der Kirche ist gotisch. jedoch weniger streng und schwer als derjenige der Kathedrale. Heute ist die Kirche ein geschichtsträchtiger Ort für alle Italiener. eine Art Pantheon der Stadt wo ungefähr 300 große Männer der Literatur. Musik. Wissenschaft. Kunst und Politik ruhen. Im Laufe der Zeit wurde die Kirche auch durch zahlreiche Kunstwerke bereichert. Wir erwähnen die herrliche KANZEL von Benedetto da Maiano (1472 ca.) mit den fünf Tafeln mit Szenen aus dem Leben des hl. Franz: die VERKÜNDIGUNG in vergoldetem lichtgrauem Stein von Donatello. zu datieren etwa um 1435: dann die

1

1. Basilika von S. Croce. Ansicht des Platzes.2. Basilika von S. Croce. 3. Das Innere der Basilika von S. Croce. 4. Benedetto da Maiano : Kanzel mit Geschichten von St. Franziskus.

2

3

4

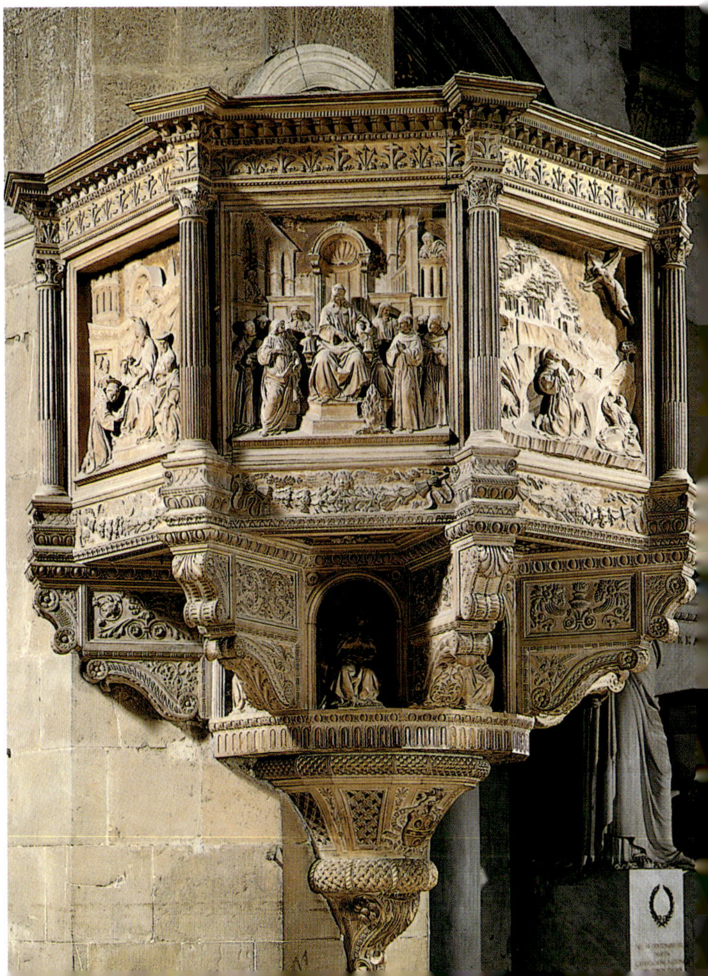

1

2

3

Totendenkmäler der Humanisten Leonardo Bruni und Carlo Marsuppini von Bernardo Rossellino und Desiderio da Settignano. Diese beiden gewölbten Nischen enthalten einen Sarkophag und darüber ein Totenbett. Ihrer Art nach sind sie der Renaissance zuzuordnen. Auch erscheinen sie auf den ersten Blick fast gleich zu sein.
Stilistisch jedoch gibt es deutliche Unterschiede zwischen der monumentalen Strenge des Bernardo und der Klarheit, Lieblichkeit und raffinierten Eleganz des Desiderio.
Dann sind da die Fresken der Kapellen in der Apsis, von denen zwei, die Kapelle Bardi und die Kapelle Peruzzi ein Spätwerk von Giotto sind. In der Bardi-Kapelle zeigt Giotto 30 Jahre nach Assisi die Geschichte des hl. Franz erneut auf. Es handelt sich um sechs Episoden, unter denen diejenige des Todes des Heiligen durch die Intensität der Darstellung, die Anteilnahme, sowie den Ausdruck jeder einzelnen dargestellten Gestalt hervorsticht.

Gegenüberliegende Seite : Das Innere der Basilika : die Apsis. ***1.*** *Maria Verkündigung von Donatello in Stein.* ***2. - 3.*** *Ausschnitte der Mariä Verkündigung.*

1

2

Die Urnen der Forti

Grab des Michelangelo Buonarroti 1475-1564

Michelangelo starb im Februar des Jahres 1564 im Alter von 89 Jahren in Rom. Das Projekt für das Grabmal entstand einige Jahre nach seinem Tod, und es war Vasari, der oberhalb des Sarkophags eine Büste des Künstlers und unten die drei allegorischen Statuen der Malerei, der Skulptur und der Architektur anbrachte.

Grab des Niccolò Macchiavelli 1469-1527

Keine Lobschrift ist einem Mann solches Ruhnes gewachsen, so steht es auf dem Grab Machiavellis in Latein geschrieben, eine der schönsten Inschriften, die je geschrieben wurden. Niccolò Macchiavelli war Kanzler der Republik Florenz zu Anfang des 16. Jahrhunderts. Er war in erster Linie Politiker, und in seinem Buch "Il Principe" macht er sich zu einem Verfechter der These, daß das Resultat die Maßnahmen verzeihe. Das Denkmal, Werk des Innocenzo Spinazzi, entstand gegen Ende des 18. Jahrhunderts: oben die allegorische Statue der Diplomatie.

3

Grab des Galilelo 1564-1642
Galileo wurde im Todesjahr Michelangelos in Pisa geboren; er lebte fast sein ganzes Leben in Florenz, wo er bei den Medici das Vertrauen und die nötige finanzielle Unterstützung fand, um seien revolutionären Studien fortsetzen zu können. Das Monument mit den allegorischen Statuen der Geometrie und der Astronomie wurde von Giulio Foggini gezeichnet.

Unter den weiteren Monumenten ist dasjenige zur Erinnerung an **Dante** (der in Ravenna begraben ist), sowie diejenigen anderer berühmter Männer wie **Gioacchino Rossini**, **Vittorio Alfieri**, **Lorenzo Ghiberti**, **Ugo Foscolo** usw. zu erwähnen.

1. Grabstätte Michelangelos, von Vasari. 2. Grabstätte Machiavellis, von I. Spinozzi. 3. Grabstätte Galileo Galileis, von C. Foggini. 4. Bardi Kapelle : Giotto - Die Erscheinung Bruder Agostinos und des Bischofs - Ausschnitt. 5. Bardi Kapelle : Giotto - der Tod von St. Franziskus.

4

5

1

2

3

4

6

5

1. Giotto - Ausschnitt aus dem Tod von St. Franziskus. 2. Sakristei und Kapelle der Rinuccini. 3. Baroncelli Kapelle. 4. Paneel der Krönung der Jungfrau von Giotto.
5. - 6. Ausschnitte der Fresken der Baroncelli Kapelle.

Die Kapelle "Pazzi"

In dem suggestiven seitlichen Kreuzgang der Heiligkreuz-Kirche befindet sich eines der schönsten Werke von Brunelleschi: die Kapelle der Familie Pazzi, die ungefähr 1443, nur drei Jahre vor dem Tode des Künstlers, geschaffen wurde. Der Grundriß der Kapelle ist rechteckig, die konische Kuppel in der Mitte wird von leichten Kreuzrippengewölben getragen, die wir auch im Vorraum finden. Der Raum ist geometrisch aufgeteilt; der weiße Verputz wird durch Lisenen aus lichtgrauem Stein unterbrochen; die wunderschönen Dekorationen aus Glaskeramik im Inneren stammen von Luca della Robbia. Hier stoßen wir auch auf das lange Refektorium mit dem herrlichen Kruzifix von Cimabue. Dieses ungefähr um 1270 datierte Werk hat während der großen Überschwemmungskatastrophe wohl am meisten gelitten; die Restaurierungsarbeiten des Werkes, das einen ganzen Tag lang im Schlamm gelegen hatte und unwiederbringlich verloren schien, nahmen zehn Jahre in Anspruch.

1

2

3

4

1. F. Brunelleschi : Kloster mit der Pazzi Kapelle. 2. Luftansicht des ersten Klosters.
3. - 4. - 5. F. Brunelleschi : Evangelisten. 6. Cimabue : Kruzifix, vor der Überschwemmung 1966.
7. Grosses Refektorium, rechts das Kruzifix von Cimabue nach der Überschwemmung 1966.

5

6

7

Haus Buonarroti

Ursprünglich von Michelangelo für seinen Neffen Leonardo erworben, dient es heute als Museum. Neben Jugendwerken des Meisters, wie dem Kampf der Kentauren, dem Basrelief der "Madonna della Scala" und dem Holzkreuz aus der Heiliggeist-Kirche, birgt das Museum auch Entwürfe, Studien für architektonische Projekte, sowie Briefe von der Hand des Künstlers. In diesem Wohnhaus-Museum, das nur wenige Meter von der Heiligkreuz-Kirche entfernt steht, sind auch Werke des Großneffen, Michelangelo d. Jüngeren, zu sehen, die Szenen aus dem Leben Michelangelos zum Thema haben.

1. Ausschnitt der Madonna della Scala. 2. Die Schlacht der Zentauren.

1

2

Der Bargello-Palast

Im Jahre 1255 erbaut, war dies der erste öffentliche Palast der Stadt. Bis 1261 Sitz des Volkshauptmanns, wurde er später die Residenz des Podestà, eines als Volksvertreter gewählten Magistrats, höchste Persönlichkeit der Republik. Die Regierungszeit jedes Podestà (Bürgermeisters.), der niemals aus Florenz stammen durfte, dauerte nur ein Jahr, um allzu tiefe Einblicke in private Geschäfte zu vermeiden. Auf diese Art und Weise wurde der Korruption nicht Vorschub geleistet und die Gesetze konnten in ihrer ganzen Strenge angewandt werden. An den Wänden des Hofes sind noch die Wappen der verschiedenen, während drei Jahrhunderte amtierenden Bürgermeister zu sehen. Als die Republik im 16. Jahrhundert zugunsten der Medici fiel, gründete der Herzog ein Sonderkorps zur Wahrung der Ordnung in der Stadt: an der Spitze dieses Korps stand ein

Bargello : Von aussen, mit dem Volognana Turm, 1250 für den Volkshauptmann von Lapo Tedesco geschaffen.

1

2

3

4

5

1. Bargello : Der Hof. 2. Verrocchio Saal. 3. Saal aus dem 14.Jhrt. 4. Der Balkon. 5. Ammannati : Leda. 6. Michelangelo : Tondo Pitti.

Kapitän des Rechtes, der Bargello genannt wurde. Dieser wohnte bis 1574 in diesem Palast, der seither Palast des Bargello hieß. Im auslaufenden 18. Jahrhundert wurde dank der Lothringer die Todesstrafe abschafft und im Hofe des Palastes alle Folterwerkzeuge verbrannt. 1860 schließlich bestimmte der vorläufige Gouverneur der Toskana, den Palast in ein Museum umzuwandeln. Das mächtige Gebäude wurde neben dem sogenannten Volognona-Turm erbaut; es hat die Form eines Würfels und endet oben mit welfischen Zinnen. Sehr sehenswert der Hof, wo an drei Seiten schwere Spitzbögen eine Loggia und die oberen Stockwerke tragen, in denen eine der reichhaltigsten Sammlungen von Skulpturen aus der Renaissancezeit, sowie unzählige weniger wervolle Kunstgegenstände wie Keramiken,

6

Elfenbein; Emaille usw. zu besichtigen sind.

Das "Tondo Pitti" ist ungefähr um 1505 zu datieren, als Michelangelo 30 Jahre zählte; neben der sehr persönlichen und neuen Technik des Meisters ist darin deutlich noch ein Anklang an die traditionsreiche Kunst des Donatello zu verspüren, vor allem in der Gestalt des hl. Johannes Kind im Hintergrund.

Bacchus ist eines der ersten Werke des Künstlers (1497); hier ist er noch stark an das klassische Vorbild gebunden.

Der David Apollino stammt aus dem Jahr 1530. Es handelt sich dabei um eine Statue voller Kontraste: die linke Schulter zeigt nach hinten, die rechte hingegen nach vorne; auch von den Beinen ist eines nach hinten und eines nach vorne gerichtet. Es scheint fast, als drehe sich die Gestalt um sich selbst und werde nur durch den engegengesetzen Bewegungsablauf vor dem Fall bewahrt.

Die beiden Tafeln mit dem OPFER DES ISAAK gehen auf das Jahr 1401 zurück und wurden von Ghiberti und Brunelleschi anläßlich des Wettbewerbs für die Portale des Baptisteriums geschaffen. Nach einem Streit der Kommissionsmitglieder wurde der Auftrag Ghi-

1

2

3

4

5

1. Michelangelo : David - Apollo. 2. L. Ghiberti : Tafel mit dem Opfer Isaaks. 3. F. Brunelleschi : Tafel mit dem Opfer Isaaks. 4. Michelangelo : Brutus. 5. B. Cellini : Kosimus I. 6. A. Della Robbia : Madonna del Cuscino.

berti erteilt. Zweifelsohne haben wir hier zwei vollkommen unterschiedliche Persönlichkeiten vor uns: Brunelleschi, der neue Mann der Renaissancezeit, läßt viele Ausschmückungen hinwegfallen, lehnt sich nicht an klassische Vorbilder an, sein Stil ist dramatische Wirklichkeit.
Lorenzo Ghiberti hingegen, der die schönen Formen liebt, läßt die Klassik wiederaufleben und verliert sich in unzähligen Details. Interessant ist ein Vergleich der beiden Gestalten des Isaak; derjenige von Brunelleschi ist ohne jeden Zweifel lebhafter, wirklicher, er will nicht sterben; als der Engel die Hand Abrahams festhält, sind die Muskeln seiner Beine angespannt, so, als wollte er fliehen. Der Isaak Ghibertis hingegen reagiert nicht, er bietet opfermütig, aber doch mit Verachtung und Stolz, die klassische Schönheit seines Körper dar.

6

Brutus (1540 ca.) - In der Renaissance war die Gestalt des Brutus derjenigen eines Helden gleichgesetzt, der seine wahrsten Gefühle für die Freiheit seines Vaterlandes opfert. Michelangelo schloß sich ganz dieser Auffassung Hand und verkörpert ihn mit dem Ausdruck größter Lebenskraft.

Donatello - Wie schon Brunelleschi, war auch Donatello der Mann neuer Interpretationen in der Renaissance. Größter Bildhauer des 15. Jahrhunderts, der sich den akademischen Lehren der Anlehnung an die Klassik mit eigenem Realismus und verzweifelter Suche der eigenen Persönlichkeit seiner Gestalten widersetzte.
Im Bargello-Palast ist eine außerordentlich große Auwahl seines künstlerischen Schaffens zu sehen: von der Gestalt des ausdrucksstarken hl. Georg, den er im Jahre 1416 für Orsanmichele schuf, bis zum David in Bronze, den er 1430 im Auftrag von Cosimo dem Älteren fertigte (es handelt sich hier um die erste nackte Rundstatue der Renaissancezeit), und weiter von der reizenden lachenden Putte, die Athis genannt

1. Donatello : David aus Marmor. 2. David aus Bronze. 3. Ausschnitt des Kopfes des Bronzedavids von Donatello. 4. Giambologna : Merkur. 5. Andrea Verrocchio : David. 6. Jacopo Sansovino : Bacchus. 7. Michelangelo : Bacchus.

1

2

3

4

5

6

7

wird, bis zur kräftigen mehrfarbigen Büste in Terrakotta, die Niccolò da Uzzano dartellt, und bis zur delikaten, schmalen Gestalt des hl. Giovannino (Johannes Kind), die er für das Haus Martelli fertigte.
Außer Werken von Donatello bietet das Museum eine breit gefächerte Palette des Schaffens der größten Meister des 15. und 16. Jahrhunderts: von den ausdrucksstarken Portraits berühmter Florentiner Persönlichkeiten, Marmoskulpturen von Antonio Rossellino, Mino da Fiesole, Pollaiolo, Benedetto da Maiano, bis zur lieblichen "Dame mit dem Blumenstrauß" von Verrocchio. Wegen des Lichteffektes im Gesicht, dem Schleier des Gewandes, aber vor allem wegen der äußerst feinen Darstellung der Hände, will man bei diesem Bild immer wieder entweder den Einfluß des jungen Schülers Leonardo, oder sogar dessen Mitwirkung erkennen. Von Verrocchio ist ferner der David in Bronze zu bewundern, der zu Unrecht immer wieder mit dem David von Donatello verglichen wird. Weitere Werke sind die "Madonna mit dem Kind" von Luca und Andrea della Robbia, sowie Marmor- und Bronzewerke von Cellini, Giambologna, Laurana, Bernini usw.

1

Die Kirche Orsanmichele

In der ersten Hälfte des 14. Jahrhunderts von den Architekten Francesco Talenti, Benci di Cione und Neri di Fioravanti erbaut, war diese Kirche mit der ungewöhnlichen rechteckigen Form zuerst eine als Getreidemarkt dienende Säulenhalle. Gegen Ende des 14. Jahrhunderts wurden die Bögen der Halle zugemauert und das Gebäude um zwei Stockwerke erhöht. Die 14 Nischen an der Außenfassade der Kirche enthalten ebensoviele Statuen von Schutzheiligen der verschiedenen Künste und Zünfte. Donatello, Ghiberti, Nanni di Banco, Verrocchio und Giambologna sind unter den Künstlern, welche di Stein- oder Bronzestatuen schufen. Im Inneren der prachtvolle Tabernakel von Andrea Orcagna (1349-59), feinstes gefertigt aus mehrfarbigem Marmor und bunten Glas. Die Bildtafel der "Madonna delle Grazie" im Inneren dieser kleinen gotischen Kirche stammt von dem Florentiner Künstler Berardo Daddi (1347).

2

1. Ansicht auf Orsanmichele vom Palazzo Vecchio aus. 2. Kirche von Orsanmichel: Tabernakel der Orcagna. 3. Robbianisches Rundbild von L. Della Robbia 4. Das "Schweinchen (porcellino)" von Pietro Tacca. 5. Die Loggia des Neuen Markts, dem sogenannten Markt des Porcellino.

3

4

5

Politischer Mittelpunkt
Piazza della Signoria

Seit Jahrhunderten politischer und gesellschaftlicher Mittelpunkt der Stadt, ist er zweifelsohne der schönste Platz von Florenz. Im 13. Jahrhundert auf den Ruinen alter staufischer Gebäude entstanden, verdankt er seinen Namen dem Palast, wo schon im 14. Jahrhundert der Regierungssitz der Republik, der sogenannten "Signoria", war. Das wuchtige Gebäude, das auch heute noch Sitz der Stadtgemeinde und der Büroräume des Bürgemeisters ist, beherrscht den Platz, der mit den schönen Standbildern aus der Renaissancezeit wie ein Museum im Freien wirkt. Der Platz war Schauplatz zahlreicher geschichtlicher Ereignisse: von den Aufruhren des 14. Jahrhunderts bis zu den feierlichen Zeremonien und Proklamationen zur Zeit der Medici; der Hinrichtung derjenigen, die die Verschwörung gegen Lorenzo und Giuliano im Jahre 1478 angestiftet hatten, und man die Leichname der Mörder aus den Fenstern hängen ließ; des Todes des Savonarola. Dieser Dominikanermönch war zuerst wochenlang im Palast gefoltert worden, bevor er mit zwei Mitbrüdern am 23. Mai 1498 gehängt und verbrannt wurde. Noch heute erinnert eine Marmorplatte am Neptunbrunnen an dieses Ereignis. Die Nähe der Museen und

Diese Seite : Piazza della Signoria ; nächste Seite der " Biancone" von Ammannati.

wichtigsten Kunstdenkmäler der Stadt machen diesen Platz zu einem Ort der Zusammenkünfte und Verabredungen. Am Ende eines ereignisreichen Tages kann man an den Tischchen der zahlreichen Cafés das Schauspiel des Sonnenunterganges genießen. Die Steine des Palazzo Vecchio leuchten dann honiggelb und ihr Schein spiegelt sich unten im Platz wieder, wo die Statuen bereits im Halbschatten liegen.

Die Loggia

Auf der einen Seite des Palasts, gleich neben dem Palast, steht die berühmte dreihundert Jahre alte Loggia, entweder Loggia dei Lanzi oder die des Orcagna genannt, dessen Name mit dem Projekt des Baues verknüpft zu sein scheint.
Unter den eleganten Rundbögen der Loggia, die zwischen 1376 und 1382 für öffentliche Feierlichkeiten der Signoria errichtet worden war, sind zahlreiche Skulpturen aufgestellt. Wir zahlen davon die sechs römischen Statuen an der Abschlußwand auf, die ebensoviele Matronen darstellen, den "Raub der Polyxena", Werk aus dem 19. Jahrhundert von Pio Fedi, «Herkules im Kampf mit dem Kentauren» von Giambologna und schließlich unter den beiden Arkaden seitlich der Loggia zwei Meisterwerke: den "Perseus" von Benvenuto Cellini und den "Raub der Sabinerinnen" von Giambologna. Cellini war der größte Florentiner Goldschmied des 16. Jahrhunderts, seine Schule wurde zur Tradition, und heute noch arbeiten viele Juweliere in Florenz nach seinem Vorbild. Der "Perseus" wurde zwischen 1545 und 1554 in Bronze gegossen. Cellini mußte hauptsächlich wegen des Gusses viele Hindernisse überwinden. Am Ende jedoch gelang ihm ein Werk höchster Perfektion. Der "Raub der Sabinerinnen" geht auf das Jahr 1583 zurück und ist eines der schönsten und anerkanntesten Werke des flämischen Künstlers Giambologna. Die außergewöhnliche Technik dieses Bildhausers, der lange Zeit am Hofe der Medici gelebt hatte, zeigt sich vor allem in der Darstellung der ineinander verschlungenen Körper der drei Gestalten.

Weitere Standbilder des Platzes

Auf der Treppe zum Palast befinden sich links und rechts des Einganges die Standbilder der Herkules und Kakus von Baccio Bandinelli sowie eine Kopie des David aus dem vergangenen Jahrhundert anstelle des Originals von Michelangelo. Sowohl Herkules als der David wurden als Symbole der hart erkämpften und von den Florentinern eifersüchtig gehüteten Freiheit vor dem Palast der Signoria aufgestellt. An der Ecke zum Palast steht der berühmte Neptunbrunnen aus Weißem Carrara-Marmor, Werk eines Künstlers, der mehr als Architekt denn als Bildhauer anerkannt worden war: Bartolomeo Ammannati. Die Faune und Meeresgötter sind von Giambologna in Bronze gegossen; ihm verdankt man auch das Reiterstandbild von Cosimo I., Großherzog von Toskana, der Familie der Medici.

1

2

Gegenüberliegende Seite: Die Loggia dei Lanzi. ***1.*** *Giambologna: Der Raub der Sabinerinnen.* ***2.*** *Cellini: Perseus.*

Der Palast

Die Arbeiten am Bau des Palast begannen 1298, wahrscheinlich nach Zeichnungen von Arnolfo. Der charakteristische rustikale untere Teil des Palastes ist seit jeher sichtbarer Ausdruck der Mächtigkeit der Gemeinde, die er repräsentiert; über den etwas vorspringenden Zinnen der 94 m hohe Verteidigunsturm, der Arnolfo zugeschrieben wird. Über zehn Jahre hinweg, von 1540 bis 1550, war der Palast die großherzögliche Residenz von Cosimo I.; danach siedelten die Medici in den Pitti-Palast um, und seither wird der Palast der Signoria Palazzo Vecchio genannt. Oberhalb der großen Uhr im unteren Teil des Turmes ist das Fensterchen des "Alberghetto" zu sehen, einer Zelle, welche im 15. Jahrhundert Cosimo den Älteren und Savonarola einsitzen sah. Unter den kleinen Arkaden des Balkons sind zahlreiche

CARAVAGGIO
Visitors

1

2

Gegenüberliegense Seite: Palazzo Vecchio. ***1.*** *Ausschnitt des Palazzo Vecchio, die Uhr und die Gemeindewappen.* ***2.*** *Palazzo Vecchio: der Hof Michelozzos.*

Wappen aus dem damaligen politischen Leben der Stadtgemeine Florenz zu sehen Als Florenz Hauptstadt Italiens war, wurde der Palast als Sitz der Abgeordnetenkammer und des Außenhandelsministerums gewählt. 1872 schließlich wurde es der Sitz der Stadtgemeinde Florenz.

Der Säulenhof

Werk aus dem 15. Jahrhundert von Michelozzo, wurde dieser Säulenhof anläßlich der Hochzeit der Prinzessin Johanna von Österreich mit dem ältesten Sohn von Cosimo, Francesco, von Vasari umgestaltet, der die Wände mit Ansichten österreichischer Städte schmückte.
Im Zentrum des Hofes steht ein reizender kleiner Brunnen mit einer geflügelten Putte aus Bronze, Kopie des Originals von Verrocchio, das im Inneren des Palastes zu bewundern ist.

Engel des Verrocchio (Kopie): Das Original befindet sich im Inneren des Palazzo Vecchio auf der Terasse von Giunone. ***2.*** *Saal der Fünfhundert.* ***3.*** *Michelangelo: Das gewinnende Genie.* ***4.*** *Vincenzo de' Rossi: Herkules und Diomedes.* ***5.*** *Vasari : Die Eroberung Sienas.*

1

Der Salon der Fünfhundert

Im Jahre 1494 von Simone del Pollaiolo, Cronaca genannt, erbaut, hat dieser Saal riesige Ausmaße (53x 22 m) und sollte den Volksrat beherbergen; zu der Zeit, als sich die Medici im Exil befanden und die Stadt eine Republik war. Als die Medici nach der Belagerung von 1530 zurückkeherten, wurde Vasari mit dem Umbau des Saales beauftragt. Er ließ die Decke bis zu einer Höhe von 18 m anheben und bemalte diese mit 39 Bildern aus der Geschichte von Florenz, sowie mit Allegorien aus dem Leben von Cosimo I.; im Zentrum das Bild des Triumphes des Großherzogs.
Danach schirrt er an die Dekoration der Wände, wo einige Jahrzehnte zuvor Leonardo und Michelangelo sich in der Ausführung zweier riesiger (leider zerstörter) Fresken mit der Darstellung der Schlacht von Anghiari und derjenigen von Cascina gemessen hatten. Auch hier handeln die Themen des Vasari von den Eroberungen der Toskanischen Provinzen durch die Medici.
Rund herum im Saal sind Skulpturen aus dem 16. Jahrhundert von Vincenzo de' Rossi, die "Mühen des Herkules", sowie der "Genius des Sieges" von Michelangelo zu sehen. Für das Grabmal von Papst Julius II. entworfen, ist dies das einzige Werk des Künstlers, das sich bis zu seinem Tode in seinem Zimmer befand. Die Statue stellt die klassische Schönheit eines nackten jungen Mannes dar, der sein Knie auf den Rücken eines bärtigen Gefangenen setzt, um diesen zu unterwerfen.
Von einer Türe des Salons aus gelangt man zu dem äußerst wertvollen kleinen Studio von Francesco I., das von Vasari im Jahre 1570 geschaffen worden war. Der rechteckige Raum mit einem Tonnengewölbe ist in all seinen Teilen bemalt. Oberhalb der beiden kürzeren Wände befinden sich zwei Lünetten, wo Bronzino auf Wunsch Francescos die beiden wunderschönen Portraits seiner Eltern Cosimo und Eleonora malte.

2

3

4

5

1

2

3

4

5

__1.__ Vasari : Die Eroberung von Porto Ercole, Ausschnitt. __2.__ Vasari : Die Belagerung Livornos, Ausschnitt. __3.__ Vasari und Stradano : Die Belagerung von Florenz, (Saal von Klemens VII). __4.__ Das kleine Studierzimmer von Franziskus I. __5.__ Donatello : Judith und Holofernes (Liliensaal) .

DILIGITE INIMICOS VESTROS BENEFACITE
IIS QVI ODERVNT VOS BENEDICITE MALEDI-
CENTIBVS VOBIS ET ORATE PRO CA-
LVMNIANTIBVS VOS

Der Obere Stock

Im Oberstock sind die Säle der Elemente mit mythologischen Themen und Fresken, wiederum von Vasari und seinen Helfern, zu bewundern. Dann sind die Räume der Großerzogin Eleonora, Tochter des Königlichen Statthalters von Neapel Don Pedro di Toledo, die mit Cosimo I. verheiratet war. Von besonderem Interesse ist noch der Udienzsaal mit der herrlichen geschnitten Kassettendecke, Werk des Benedetto da Maiano, und den Fresken von Francesco Salviati (1550), die in manieristischem Stil die Geschichte Cammillos wiedergeben. Das Bronzestandbild der Judith und des Holofernes, Spätwerk Donatellos, wurde erst kürzlich von dem Platz vor dem Palast der Signoria in den Udienz-Saal gebracht, um es vor Witterungseinflüssen, denen es fast fünfhundert Jahre lang unterworfen war, zu schützen. Wir möchten noch auf den Liliensaal, der wegen der Wanddekorationen so genannt wird, hinweisen, sowie auch auf den Saal der Landkarten, auch Garderobe genannt, wo auf den Türen der geschnitten Schränke 53 Lankarten aus der zweiten Hälfte des 16. Jahrhunderts von Ignazio Danti und Stefano Buonsignori zu sehen sind.

Gegenüberliegende Seite: oben der Liliensaal, unte: Zunftvorsteher-Kapelle. Auf dieser Seite: oben der Saal von Leo X., unten: der Grüne Saal.

Die Uffizien

Der Palast geht auf das Jahr 1560 zurück und ist ein Werk des Vasari, dem der Auftrag erteilt worden war, ein Gebäude zu errichten, in dem die Verwaltungsbüros der Stadt Platz finden sollten, daher auch der Name Uffizien (ufficio=Büro). Der Palast ist szenografisch äußerst effektvoll und liegt zwischen dem politischen Zentrum des Palazzo Vecchio und dem Fluß mit herrlichen Aussichten (überwältigend der Blick auf den Turm von Arnolfo, der über den Arno durch den Bogen des kleinen Flügels der Uffizien zu erblicken ist). Bei der Wahl des Baumaterials griff man wieder zum traditionellen lichtgrauen Stein, der zu dem weißen Verputz einen schönen Konstrast bildet. Das Verdienst der Gründung einer Kunstgalerie im oberen Stockwerk kommt Francesco I. zu, dem es im Jahre 1581 gelang, diese Räume der Bürokratien zu entreißen. Francesco begann im Tribünensaal einige Bilder und bedeutende Skulpturen zu sammeln, womit eine Metamorphose zu Günsten der Kultur begann, die dank des Sammelgeistes, der die Medici und auch die Lothringer auszeichnete, aus den Uffizien die vollständigste Kunstgalerie Italiens und eine der bedeutendsten der ganzen Welt machte.

Längst der beiden Hauptkorridore sind 45 Säle angeordnet, in denen berühmte Gemälde in chronologischer Reihenfolge ausgestellt sind. Vom ersten Saal ausgehend, kann der Besucher somit eine vollständige Vision der verschiedenen Schulen, vor allem aber der Florentiner vom 13. bis zum 17. Jahrhundert, genießen. Die Gänge, zu denen man von den Sälen aus gelangt, sind reichstens mit herrlichen Gobelins flämischer und Florentiner Schule aus dem 16. Jahrhundert geschmückt, ebenso mit Standbildern und Sarkophagen der römischen Epoche.

Muttergottes auf dem Thron von Cimabue. Cimabue wurde einhellig als der erste große Meister und daher Initiator der Florentiner Schule bezeichnet. Dieses Altarbild stammt aus der Kirche der Dreieinigkeit (S. Trinità) und wurde zu Anfang des 13. Jahrhunderts ge-

1

2

schaffen. Im Unterschied zu den byzantinischen Malereien von damals, die nur zwei Dimensionen: Breite und Höhe, kannten, ist diese Muttergottes von Cimbaue fast schon als ein Werk mit Perspektive zu bezeichnen. Der Thron selbst (wunderschön die kosmatischen, noch byzantinisch wirkenden Dekorationen) scheint sich in die Tiefe hineinzubiegen; darunter wieder die vier Propheten in fest umrissenem und präzisem Raum.

Maestà von Giotto.
Traditionsgemäß Schüler des Cimabue, schuf Giotto die "Majestät" im Jahre 1310 für die Allerheiligen-Kirche (Chiesa di Ognissanti). Monumentalität, plastische Ausdruckskraft, Beherrschung der Perspektive sowie eine freiere Gestaltung der Persönlichkeit seiner Gestalten sind die Hauptmerkmale seines Stiles.

Muttergottes mit S. Anne - Dieses Werk wurde in Zusammenarbeit von Masaccio und Masolino gemalt und ist um das Jahr 1423 zu datieren. Masaccio ist der Autor der Jungrfau mit Kind sowie des Engels in Grün oben links. Der Raffinesse gothischer Prägung Masolinos setzt der jüngere Masaccio Volumen und Solidität der Formen, Licht- und Schattenspiel und eine gewisse Perspektive entgegen weshalb ihn viele Kritiker als den wiedergeborenen Giotto bezeichnet haben.

Die Schlacht von S. Romano - Die Uffizien besitzen nur eines der drei von Paolo Uccello gegen 1456 gemalten Tafelbilder, die eine Episode der siegreichen Schlacht der Florentiner gegen Siena darstellen. Die anderen zwei Werke befinden sich im Louvre in Paris und in der national Gallery in London. Das Bild zeigt miteinanderkämpfende

Gegenüberliegende Seite : Ansicht des Uffizienplatzes. ***1.*** *Cimabue: Majestät der Heiligen Dreifaltigkeit.* ***2.*** *Giotto : Majestät der Allerheiligen.*

1

2

3

Figuren und ist von großen Interesse aufgrund der Verwendung phantastischer Farben und der verschiedenen perspektivischen Konstruktionen, die sich gegensetizüberlagern und der ganzen Szene Unbeweglichkiet und statischen Charakter verleihen.

Filippo Lippi - Muttergottes mid dem Kind. Um das Jahr 1465 herum zu datieren, handelt es sich um ein Spätwerk, jedoch eines der bekanntesten des Karmelitenmönches Filippo Lippi. Wie viele seiner Zeitgenossen hatte Lippi sich durch das Studium der Freken von Masaccio gebildet; sein Stil jedoch unterscheidet sich von dem des Meisters durch Anmut, Sanftheit und Sinnlichkeit, die seine klare Strichführung den Gestalten seiner Bilder zu vereihen mag.

Federico da Montefeltro. Dieses Werk stammt von Piero della

1. *Simone Martini : Mariä Verkündigung.* ***2.*** *Masaccio und Masolino : St. Anna Metterza.* ***3.*** *F. Lippi : Madonna mit Kind und Engeln.* ***4. - 5.*** *Piero Della Francesca : Die Herzöge von Urbino.* ***6.*** *Paolo Uccello : Die Schlacht von St. Romanus.*

4

5

6

Botticelli : Madonna della Melagrana. Nächste Seite : oben Botticelli : der Frühling , unten Botticelli : Die Geburt der Venus.

Francesca, einem großen Künstler des 15. Jahrhunderts, der haupsächlich in Urbino arbeitete. Dieses Portrait ist wegen der lichten Perspektive des Hintergrundes und der fast flämischen Genauigkeit, mit der der Künstler die Gesichtzüge des Herzogs von Urbino wiedergibt, von großem Interesse.

Botticelli. In der Malstube des Mönches Filippo Lippi herangewachsen, fiel er schon bald den Medici durch seinen aristokratischen Stil auf. Botticelli lebte und arbeitete lange Zeit am Hof der Herren von Florenz und es gelang ihm dank seiner äußerst sensiblen Persönlichkeit, den Geist der neoplatonischen Philosophie eines Lorenzo il Magnifico und der Literaten seines Hofes auf Leinwand zu übertragen. Er liebte Allegorien (daher auch die zwiespältige Interpretation des

1

3

2

4

"Frühlings"), doch ist sein Werk von Traurigkeit und Melancholie umwoben und fast nie wissenschaftlich aufgebaut. Seine Visionen sind die eines Träumers, seine Kompositionen sind nicht auf den ersten Blick klar und zwingen den Beschauer zu einer intensiven Betrachtung des Bildes.

1. Botticelli: Madonna del Magnificat.
2. Gentile da Fabriano: Anbetung der Weisen. 3. - 4. Die Medici Venus, hellenistische Kopie des originals aus dem 4. Jhrt. v.C. 5. Die Tribüne.
6. Leonardo: Mariä Verkündigung.

Der Tribune. In diesem schönen achteckigen Saal, der von Bernardo Buontalenti 1585 erdacht wurde, begann Francesco I. mit der Sammlung der Werke, die am Anfang der Galerie der Uffizien standen. Obwohl einige Werke fehlen, wirkt der Saal reichlich dekoriert: in der Mitte ein schöner Tisch mit Florentiner Mosaik; ringsherum, im Halbkreis angeordnet, bewundernswürdige Skulpturen der klassischen Epoche; unter ihnen die berühmte Venus der Medici (3. Jahrhundert v. Chr.). An den Wänden schließlich eine große Anzahl Portraits der Medici, hauptsächlich der manieristischen Schule.

5

6

1

2

Herrlich dasjenige der Eleonora di Toledo von Bronzino.

Leonardo Da Vinci. Der neoplatonischen Philosophie des Hofes der Medici abgeneigt, verehrte, studierte und malte er die Natur in ihren unterschiedlichsten Aspekten. Er verließ die raffinierte Umgebung der Medici in Florenz noch in jungen Jahren. Leider sind in der Galerie der Uffizien nur sehr wenige seiner Werke vorhanden und wir können daher nur die VERKÜNDIGUNG und die ANBETUNG erwähnen. Erstes Werk malte er im Alter von 23 Jahren und ließ schon damals die wirklichen Werte seiner Malkunst erkennen; eine bis ins kleinste Detail getreue Wiedergabe der Natur (ob es sich nun um die Flügel eines Engels, um einen Baum in der Landschaft oder um Wiesenblumen handelt) und aufmerksamstes Studium der atmosphärischen Gegebenheiten mit besonderem Interesse für die Lichtverhältnisse bei Sonnenuntergang. Dieses besondere Lichtspiel von Schatten und Licht faszinierte Leonardo ungemein und

3

bewog ihn zu der neuen Technik der Schattierung, zum Unterschied von Hell und Dunkel. Die "Anbetung der hl. Drei Könige" wurde ihm von den Mönchen von S. Donato in Scopeto im Jahre 1482 in Auftrag gegeben, wegen der Abreise des Künstlers nach Mailand aber nicht fertiggestellt. Es handelt sich dabei um eine höchst eigenwillige Interpretation, und das Bild wirkt äußerst spannungsgeladen.

Raffaello - Leo X. Ein Werk von großartiger farblicher Intensität, das der Künstler kurz vor seinem Tode malte. Giovanni de' Medici, der spätere Papst Leo X. ist hier als ein am Gipfel des Erreichbaren stehender Mann dargestellt: ein zufriedener und über die Realität erhabener Mensch.

Muttergottes mit dem Stieglitz. Werk aus der jüngeren Schaffensperiode Raffaellos, ist diese berühmte Muttergottes gerade das Gegenteil des Bildes von Papst Leo X., und erinnert mehr an das 15. Jahrhundert. Die Bildkomposition ist in Form einer Pyramide, und die Gruppe mit der Jungfrau mit dem hl. Johannes dem Täufer und Jesus steht in einer friedlichen Landschaft in der Mitte des Bildes. Die Figuren sind einfach und drücken eine äußerst ausgewogene Malkunst aus.

Das Rundbild Doni von Michelangelo. Um 1504 anläßlich der Hochzeit von Maddalena Strozzi und Agnolo Doni ausgeführt, zeigt das Bild die Heilige Familie. Im Vordergrund wiederum die Plastizität der Körper und der Bewegungen seiner Gestalten. Die Gruppe wirkt kom-

1. Raffaello: Portrait von Leo X.
2. Raffaello: Madonna del Cardellino.
3. Leonardo: Anbetung der Weisen.
4. Michelangelo: Die Heilige Familie (Rundbild Doni).

4

1

2

pakt und solide wie ein Block aus Marmor. Die von Michelangelo verwendeten Farben sind helldunkel: kalte Farben wie bei fast allen manieristischen Malern.

Tiziano - Die Venus von Urbino. Dieses Bild ist ein Teil jener Werke, die nach der Hochzeit Ferdinands II. der Medici und Vittoria della Rovere nach Florenz gebracht worden waren. Es ist um das Jahr 1530 datiert und als ein Spätwerk Tizianos zu bezeichnen. Die Komposition besteht aus warmen Tönen, durch die der Künstler die Freude und die Sinnlichkeit menschlicher, körperlicher und imminenter Schönheit darstellen will.

1. Rosso Fiorentino: Musikengel.
2. H. van der Goes : Portinari Triptychon. Gegenüberliegende Seite oben : Tiziano - Venus von Urbino, unten : Canaletto - Ansicht des Herzöglichen Palastes von Venedig.

Ponte Vecchio

Diese charakteristische Brücke überspannt den Arno an seiner engsten Stelle. Sie ist die älteste Brücke von Florenz und die einzige, die im August 1944 von den Minen der Deutschen verschont blieb. Durch Überschwemmungen mehrmals zerstört, wurde sie von Neri di Fioravante im Jahr 1345 gänzlich aus Stein wiederrichtet. Später, in der Medici-Zeit, wurde die Brücke den Goldschmieden vorbehalten, die dort ihre Geschäfte eröffneten, die noch heute bewundert werden und in aller Welt bekannt sind.

Der Vasari-Korridor

Als die Medici in den Palazzo Pitti umsiedelten beauftragten sie Vasari mit dem Bau eines Verbindungskorridors zwischen der großherzoglichen Residenz und den Städtchen Verwaltungsbüros in den Uffizien und dem Palazzo Vecchio. Dieser Verbindungsgang von fast 1 Kilometer Länge zieht sich oberhalb der Geschäfte der Goldschmiede über den Ponte Vecchio und wurde in kurze Zeit im Jahre 1656 fertiggestellt. Heute ist er wegen der darin enthaltenen Kunstwerke, als auch wegen der malerischen Ausblick von großem Interesse.

Auf diesen beiden Seiten : Bilder des Ponte Vecchio, Neri di Fioravanti (1348) zugeschrieben, der durch den Vasarischen Korridor den Palazzo Vecchio mit Palazzo Pitti verbindet.

Santa Maria Novella

Es handelt sich um die erste Klosterkirche von Florenz. sie gehört dem Dominikaner-Orden und geht auf das Jahr 1278 zurück, als zwei Mönche. Bruder Sisto und Bruder Ristoro mit dem Bau begannen. Diese mittelalterliche Kirche erhielt von Leon Battista Alberti 1470 ihre herrliche Fassade aus zweifarbigem Marmor, die als eine der schönsten und bedeutendsten der Renaissancezeit gilt. Das elegante und schmale Innere ist im gotischen Stil gehalten; sehr effektvoll die Tiefenwirkung durch die Anordnung der Säulen. Unter den vielen Kunstwerken im Inneren zitieren wir die Fresken von Ghirlandaio im Chor hinter dem Hauptaltar, die dieser zwischen 1485 und 1490 malte. Es handelt sich dabei um Szenen aus dem Leben Mariens und des hl. Johannes des Täufers. Längs der Wand des linken Kirchenschiffes die DREIEINIGKEIT von Masaccio. Fresko aus dem Jahre 1427. Neben der Kirche das Kloster mit dem berühmten grünen Kreuzgang, von dem aus man in den Kapitularsaal oder in die Große Kapelle der Spanier (Cappellone degli Spagnoli) gelangt. Es ist dies ein rechteckiger Saal aus dem Jahr 1350. der im 16. Jahrhundert von Eleonora di Toledo den Spaniern in ihrem Gefolge für ihre religiösen Funktionen überlassen wurde. Wölbungen und Wände wurden 1355 von Andrea Buonaiuto mit Fresken an den Seitenwänden mit der STREIBAREN KIRCHE (Chiesa Militante) und dem Triumph des Dominikanerordens in der Szene TRIUMPH DES HL. THOMAS VON AQUIN.

1. Kirche von S. Maria Novella, 1246 auf antikem Oratorium aufgebaut. 2. Das Innere der Basilika, ebenfalls von Vasari. 3. Ghirlandaio : Die Engelserscheinung des Zacharias. 4. Masaccio : Die Dreifaltigkeit. 5. C. Della Robbia : Waschbecken der Sakristei.

3

1

2

4

5

1

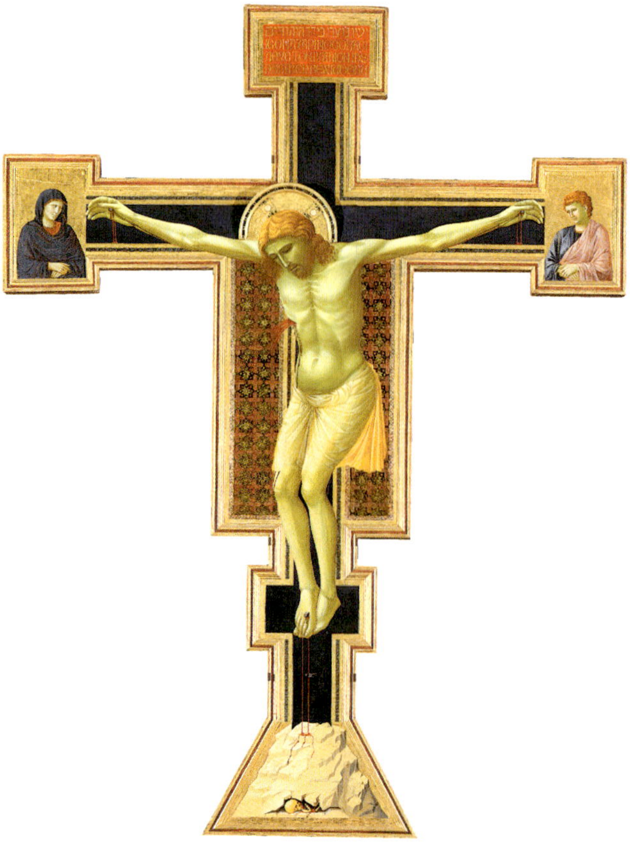

2

3

1. F. Brunelleschi : Holzkruzifix. 2. Giotto : auf Holz gemaltes Kruzifix. 3. Botticelli : Christi Geburt. 4. Andrea Orcagna: Polyptychon. 5. Autor unbekannt : 14.Jhrt. - Mariä Verkündigung. 6. Nardo di Cione : Das Jüngste Gericht - Ausschnitt.

4

5

6

1

Palazzo Pitti

Einer Anekdote nach hatte Luca Pitti, Florentiner Bankier und Rivale Cosimos des Älteren, Brunelleschi mit den Bau eines Palastes beauftragt, der Fenster so groß wie die Tore des Palastes des Rivalen und einen so großen Hof haben sollte, um den ganzen Palast der Medici fassen zu können. Die Arbeiten begannen 1458 nach dem Tode Brunelleschis, wurden aber bald darauf augrund des Verfalles der Familie Pitti eingestellt. Und so kam es, daß Eleonora di Toledo ihn 1549 kaufte und die Erweiterungsarbeiten fortsetzen ließ. Der Palast wurde zuletzt im 17. Jahrhundert vergrößert: gegen Ende des 18. Jahrhunderts die beiden Seitenflügel angefügt. Mit seinen 205 Metern Länge ist der Pitti-Palast der imponenteste der Stadt. Sitz der Großherzöge der Medici bis zu ihrem Aussterben im Jahre 1743, war er im folgenden Residenz der Herren von Lothringen, nach der Proklamation des Italienischen Reiches und der Erhebung von Florenz zur Hauptstadt, war der Palast sechs Jahre lang (1865-1871) die offizielle Residenz König Viktor Emanuels II. Heute ist der Palast Staatseigentum und enthält Museen und Galerien von großem Interesse, wie die Galleria Palatina, das Silbermuseum (Museo degli Argenti), das Museum des Modernen Künste usw.

Der Garten von Boboli

Auf dem gleichnamigen Hügel hinter dem Palast breitet sich der Garten von Boboli aus, einer der typischsten Gärten im italienischen Stil. Werk des Architekten Tribolo, geht der Garten bis auf das 16. Jahrhundert zurück und stellt wahrhaft eine Architektur im Grünen dar, welche dem Vergnügen und den prachtvollen Festen der Medici gewidmet war.

2

Gegenüberliegende Seite: Cappellone degli Spagnoli oben Gleichnis der Kirche. Unten der Triumph von St. Thomas. ***1.*** *Palazzo Pitti: Fassade.* ***2.*** *Boboli Gärten: Das Isolotto Becken.*

1

2

3

1. Palazzo Vecchio von den Boboli Gärten aus gesehen. 2. Valerio Cioli : Statue des Zwergs Morgante, sogenannter Bacchus. 3. Treppen der Boboli Gärten

Ehemalige Königliche Gemächer

In diesen Sälen des Palastes hatten die Medici und die Lothringer ihre Wohnungen. Als Florenz noch Hauptstadt Italiens war (1865-1870), benutzte König Viktor Emanuel II. sie als Repräsentationsräume. Sie enthalten wertvolle Möbelstücke, Nippsachen, Teppiche, Mosaiken und Bilder. Von besonderem Interesse ist der Saal der Nischen oder Speisesaal, der Thronsaal mit wertvollen chinesischen und japanischen Vasen und einem Baldachin mit dem Savoyer Wappen, sowie schließlich der große Ballsaal, der auch Weißer Saal genannt wird, in neoklassischem Stil mit feinsten Stukkaturen. Dieser Saal wird heute für wichtige Veranstaltungen und Ausstellungen benutzt.

*Wohnungen : **1.** Thronsaal.*
2. Gemach der Konigin.

1

2

Die Galleria Palatina

Im Unterschied zu den Uffizien ist die reichhaltige Bilderkollektion der Palatina-Galerie nicht chronologisch angeordnet. Anderseits wären in dieser glanzvollen Umgebung vergangener Zeit wissenschaftliche Kriterien wohl fehl am Platz. Die Gründung dieses Gallerie und seine Öffnung zum Publikumsverkehr hat man den Lorena zu verdanken, die auch zur Bereicherung der Sammlung selbst beigetragen haben. Während des 18. Jahrhunderts wurden der obere Teil der Wände und die Wölbungen von Ciro Ferri und Pietro da Cortona im Barockstil ausgeschmückt.

Die Gründung dieser Gallerie und seine öffnung Zum Publikumsverkehr hat man den Lorena zu verdanken, die auch zur Bereicherung der Sammlung selbst beigetragen haben.

Diese Seite Raffaello : Die " Madonna della Seggiola " von 1515. Mit einem anmutigen Lächeln voller Genugtuung zeigt sich diese Madonna vollkommen anders als die von Raffaello in der florentinischen Periode gemalten. Die gemessene Bewegung der Personen innerhalb des Rundbildes verleiht der Komposition Harmonie, während die extreme Raffinesse des Mantels und die Verwendung schillernder Farben den Einflufl der venezianischen Malerei hervorheben.

Gegenüberliegende Seite, Raffaello : Die Verschleierte oder La Fornarina von 1516. Hier verschwindet die Beziehung zur Landschaft im Hintergrund. Die die Komposition regierende Geometrie gibt dem Portrait einen monumentalen Charakter und stellt den Beschauer in direkten Kontakt mit der wunderschönen, verschleierten Person.

1

2

1. - 2. Raffaello: Agnolo und Magdalena Doni, um 1506 gemalt. Aufgrund gewisser Ähnlichkeiten mit der nur einige Monate früher gemalten Mona Lisa von Leonardo und des Verhältnisses der Figur zur umbrischen Landschaft um Perugia ist die Magdalena sehr berümt.
3. Filippo Lippi: Madonna mit Kind.
4. Raffaello: Madonna mit Kind, sogenannte "Madonna del Granduca": das erste aller Meisterwerke dieser Kunstphase Raffaellos, der einem immer stärkeren Einfluß Leonardos unterlag.
5. Murillo: Madonna mit Kind.
6. Rubens: Die Folgen des Krieges, ein Gleichnis von 1638 in Anversa gemalt und nach Florenz geholt, wo es von Giusto Susterman, dem Hofmaler der Medici Familie, aufgekauft wurde.

3

4

5

6

1

2

__1.__ Tiziano : Die Magdalena, zwischen 1530 und 1540 gemalt : der Ausdruck jener Farbwerte, mit denen die venezianische Schule und besonders Tiziano mit dem intellektuellen Klassizismus gewetteifert haben, auf die toskanischen Zeichnungen basiert. __2.__ Tiziano : Portrait eines Adligen, ein weiteres Beispiel der hinreißenden Portraitmalerei Tizianos (ca. 1540) __3.__ Ruysch: Blumen, Obst und Insekten.

3

Kirche von S. Spirito (Heligengeistkirche): Fassade.

Kirchen am anderen Arno-Ufer

Zwischen dem Palazzo Pitti und dem Ponte Vecchio steht die der römischen Märtyrerin, der hl. Felizitas, geweihte Kirche SANTA FELICITA. Über dem Bogengang der Kirche der Vasari-Korridor, der im Inneren in eine Tribüne ausläuft, von der aus die Großherzöge der Messe beiwohnten. Diese Kirche besitzt eine der Juwelen des Florentiner Manierismus des anfänglichen 16. Jahrhunderts: DIE KREUZESABNAHME von PONTORMO, im Jahre 1527 gemalt. Weit entfernt von traditionellen Vorbildern, ohne Hintergrund und mit fast körperlosen, in der Luft schwebenden Figuren, wird diese dramatische Kreuzesabnahme - nicht zuletzt auch wegen der schönen schillernden Farben - als das Meisterwerk von Pontormo angesehen. Im Zentrum des charakteristischen Viertels von San Frediano finden wir die **Heiliggeist-Kirche** (S. Spirito). Es handelt sich dabei um die wichtigste Kirche des anderen Arnoufers. 1444 von Brunelleschi geschaffen, erfuhr sie Umbauten und Abänderungen in den folgenden Epochen. Die glatte und einfache Fassade stammt aus dem 18. Jahrhundert.

Das Innere der Kirche von S. Spirito.

1. Pontormo: Die Kreuzabnahme. Kirche von S. Felicità.

1

Masaccio in S. Maria del Carmine

In dieser Kirche ist in der Brancacci-Kapelle der bedeutendste Freskenzyklus des 15. Jahrhunderts zu bewundern. Es handelt sich dabei um äußerst beeindruckende Fresken mit Szenen aus dem Leben des hl. Petrus; Masaccio arbeitete wahrscheinlich von 1425 bis 1428 daran. Die plastische Darstellung und die sehr gekonnte Persönlichkeitsfindung der einzelnen Gestalten sowie die meisterhafte Behandlung der Perspektive ließen diese Fresken zu einer Schule für sämtliche Maler der Renaissance, einschließlich des großen Michelangelo, werden.

Unten: DER TRIBUT, die gewaltigste und berühmteste Szene des ganzen Zyklus. Der Ausdruck von Petrus ist von großer Intensität und Glaubensstärke; herrlich der Konstrast zu der Undurchdringlichkeit, dem Abstand und der ruhigen majestätischen Schönheit des Christus. Es handelt sich um eine im Evangelium des hl. Matthäus beschriebene Episode. In der Mitte

2

3

4

5

6

des Bildes der Steuereinnehmer, der von Jesus Tribut verlangt. Dieser weist mit knapper aber entschiedener Geste Petrus den Ort, wo er Geld finden würde. Die Szene verlagert sich nach links, wo Petrus aus dem Maul eines Fisches ein Geldstück nimmt und (Szene rechts) den Steuereinnehmer zahlt.

2. Ansicht der Carmine Kirche. 3. Das Innere der Carmine Kirche. 4. Brancacci Kapelle. 5. Masaccio : Der Tribut. 6. Masaccio : Der Tribut - Ausschnitt.

1

2

3

4

5

6

1. - 2. Masaccio: Der Tribut - Ausschnitt. 3. Masaccio: Die Vertreibung Adams und Evas. 4. Dreifaltigkeitsplatz. 5. Das Innere der Dreifaltigkeitskirche. 6. Ghirlandaio: Dreifaltigkeitskirche - Sassetti Kapelle, die Anbetung der Hirten.

1

2

San Miniato

Diese Kirche ist dem ersten und einzigen Florentiner Märtyrer geweiht, ein hervorragendes romanisches Denkmal aus dem 11. Jahrhundert. Sie steht an einem außerordentlich günstigen Ort, und man kann vom Vorplatz aus die ganze Stadt überblicken. Ebenso schön und suggestiv ist das Schauspiel, das die Kirche bei Nacht bietet: die Fassade strahlt im Glänze des weißen und grünen Marmors und wird oft mit einer Schmuck-Kassette verglichen. San Miniato ist räumlich dreigeteilt und besteht aus der großen und suggestiven Krypta, den drei Schiffen und dem Presbyterium mit dem großartigen Mosaik aus dem 13. Jahrhundert um Rund der Apsis. Besichtigenswert schließlich im Inneren das Verschmelzen des romanischen Florentiner Baustils mit demjenigen der Renaissance des 15. Jahrhunderts in der kleinen Kapelle von Michelozzo im Mittelschiff unterhalb des Presbyteriums.

***1.** Ansicht der Basilika von S. Miniato al Monte. **2.** Das Innere der Basilika. **3.** Kanzel der florentinischen Schule des 13. Jhrt. **4.** Mosaik : Jesus Christus, die Jungfrau und S. Miniato. **5.** Spinello Aretino : St. Benediktus empfängt König Tottila. **6.** Spinello Aretino : der Tod von St. Benediktus.*

3

4

5

6

BANCA NAZIONALE DEL LAVORO
L'ANTICO CENTRO DELLA CITTÀ
DA SECOLARE SQUALLORE
A VITA NUOVA RESTITUITO
FERNET BRANCA
PENSIONE PENDINI
BANCA NAZIONALE DEL LAVORO
EDISON

1

2

3

4

5

1. Piazza della Repubblica. 2. Palazzo Strozzi. 3. "Cestello" Kirche. 4. S. Trinita Brücke. 5. Ognissanti Kirche. 6. Die Certosa von Galluzzo, gesamt Ansicht.

6

1

2

Fiesole

Auf der Höhe des gleichnamigen Hügels 300 m ü.d.M. gelegen, ist Fiesole eine Stadt etruskischen Ursprungs und der bekannteste Ort der Umgebung von Florenz. Von wesentlicher geschichtlicher und künstlerischer Wichtigkeit, birgt es zahlreiche Kunstwerke und Denkmäler, unter ihnen das Römische Theater aus dem 1. Jahrhundert v. Chr., das bis zu dreitausend Personen fassen kann und erst zu Beginn des vergangenen Jahrhunderts durch den Archäologen Fredmann von Schellershein ans Licht gebracht wurde.

3

4

5

6

7

1. Luftansicht von Fiesole. 2. Der Hügel von Fiesole, von S. Domenico aus gesehen. 3. Die St. Franziskus Kirche. 4. Der St. Bernhards Kreuzgang im Kloster von St. Franziskus. 5. Reste der archäologischen Ausgrabungen, das Römische Amphittheater. 6. Der Glockenturm des Doms von Fiesole. 7. Die Fassade der Badia Fiesolana.

INHALT

© ATS Italia Editrice S.r.l. - Made in Italy

www.atsitalia.it
E-Mail: atsitalia@atsitalia.it
Rom: Via di Brava, 41/43 - Tel. 06 66415961
Florenz: Largo Liverani, 12/3 - Tel. 055 4220577

Das Markenzeichen ₰ ist ein Markenzeichen der ATS Italia Editrice

© Fotos:
ATS Italia Editrice S.r.l.

Referenzen:
ATS Italia Editrice S.r.l., Gaetano Barone, Stefano Cellai, Patrizio Del Duca, GianniPasquini, Scala S.p.A., Kina Italia, Sergio Cipriani, K e B News, Press Photo, Nicola Grifoni, Arte e Immagini S.r.l.

Text: Riccardo Nesti
Grafische Gestaltung und Umbruch: Carlo Mannucci
Redaktion: ATS Italia Editrice S.r.l.
Übersetzung: International Service. Sandra Fanti. OlgaFedorova. Mikhail Talalay
Satz: Leadercomp. Stampa Nazionale
Fotolithografie: Studiolito 69
Druck: Kina Italia / L.E.G.O.

Alle Rechte vorbehalten. Es ist ohne Einverständnis oder schriftliche Genehmigung des Verlags nicht erlaubt, diese Veröffentlichung oder Teile daraus nachzudrucken und in jeglicher Form wiederzugeben.